T0201838

ENGLISH
FOR EVERYONE
JUNIOR

NIVEL INICIAL

AUDIO GRATUITO
web y app

 **www.dkefe.com/junior/es**

Autores

Thomas Booth ha trabajado durante 10 años como profesor de inglés en Polonia, Rumanía y Rusia. Actualmente vive en Inglaterra, donde trabaja como editor y autor de materiales para el aprendizaje del inglés. Ha participado en varios libros de la serie *English for Everyone*.

Ben Ffrancon Davies es un escritor y traductor independiente. Escribe libros y guías para el estudio de temas como la enseñanza del inglés, la música y la literatura. También trabaja en libros generales de no ficción para jóvenes y adultos. Ben estudió lenguas medievales y modernas en la Universidad de Oxford y ha enseñado inglés en Francia y en España.

Asesora del curso

Susannah Reed es autora y consultora educativa con una gran experiencia, especializada en materiales para la enseñanza del inglés a los niños. Ha dado clases en España y el Reino Unido y ha trabajado en la edición de textos educativos durante más de 20 años, como editora y como autora de textos para el aprendizaje del inglés.

Asesora lingüística

Susan Barduhn es profesora de lengua inglesa, formadora de profesores y autora, y ha participado en numerosas publicaciones. Ha sido presidenta de la International Association of Teachers of English as a Foreign Language, así como asesora del British Council y del Departamento de Estado de Estados Unidos. Actualmente es profesora de la School of International Training in Vermont.

ENGLISH
FOR EVERYONE
JUNIOR

NIVEL INICIAL

AUDIO GRATUITO
web y app

www.dkefe.com/junior/es

Edición del proyecto Thomas Booth
Edición de arte sénior Elaine Hewson
Edición Elizabeth Blakemore, Sarah Edwards, Laura Sandford
Ilustración Dan Crisp
Diseño / ilustración Chrissy Barnard, Amy Child,
Shahid Mahmood, Lynne Moulding, Annabel Schick,
Kevin Sharpe, Rhys Thomas, Bianca Zambrea
Asistencia editorial de arte Adhithi Priya
Edición ejecutiva Christine Stroyan
Edición ejecutiva de arte Anna Hall
Diseño de cubierta Surabhi Wadhwa
Dirección de desarrollo del diseño de cubierta Sophia MTT
Producción, preproducción Robert Dunn
Producción sénior Jude Crozier
Dirección editorial Andrew Macintyre
Dirección de arte Karen Self
Dirección de publicaciones Jonathan Metcalf

Edición en español:
Servicios editoriales Tinta Simpàtica
Traducción Anna Nualart
Coordinación de proyecto Helena Peña
Dirección editorial Elsa Vicente

Publicado originalmente en Estados Unidos
en 2020 por DK Publishing
1450 Broadway, Suite 801, New York, NY 10018
Parte de Penguin Random House

Copyright © 2020 Dorling Kindersley Limited
© Traducción española: 2024 Dorling Kindersley Limited

Título original: *English for Everyone: Junior Beginner's Course*
Primera edición: 2024

Reservados todos los derechos.
Queda prohibida, salvo excepción prevista en la ley, cualquier
forma de reproducción, distribución, comunicación pública y
transformación de esta obra sin la autorización escrita de
los titulares de la propiedad intelectual.

ISBN: 978-0-5938-4815-9

Impreso y encuadernado en China

www.dkespañol.com

Este libro se ha impreso con papel
certificado por el Forest Stewardship
Council™ como parte del compromiso
de DK por un futuro sostenible.
Más información: **www.dk.com/uk/
information/sustainability**

Contenidos

Sobre este curso

English for Everyone Junior: nivel inicial es un libro para que los niños den sus primeros pasos en el inglés. El curso consta de 26 unidades: 22 de estudio y 4 de repaso. Todas las unidades tienen audio de apoyo.

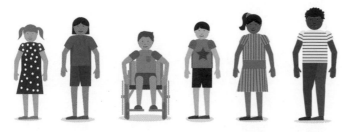

Los personajes

Un grupo de seis amigos –Maria, Sofia, Ben, Andy, Sara y Max– nos ayudan a presentar las expresiones del inglés de una manera natural y entretenida.

Las unidades

Cada unidad de aprendizaje comienza con una escena que muestra las palabras nuevas, seguida por ejercicios de vocabulario. A continuación se estudian y practican tres o cuatro normas gramaticales.

1 Las nuevas palabras...

Una escena ilustrada presenta el vocabulario en su contexto. El niño escucha y repite cada una de las nuevas palabras.

2 ... en la práctica

Hay ejercicios con todas las palabras nuevas, ya sea relacionando vocabulario e imágenes o escribiéndolas.

3 Nueva gramática

En la mayoría de las unidades hay tres normas gramaticales, que se explican con ejemplos y el niño practica.

4 Nueva gramática

Más gramática explicada y practicada. Suele incluirse una canción para practicar la gramática y el vocabulario.

5 Nueva gramática

Más gramática explicada y practicada. En la unidad se van repitiendo las nuevas palabras para que queden bien fijadas.

Audio

English for Everyone Junior: nivel inicial incorpora abundantes materiales de audio. Escuchar las grabaciones y repetirlas ayuda a los niños a dominar la pronunciación y la entonación propias del inglés, así como a fijar el vocabulario.

Regístrate en **www.dkefe.com/junior/uk** para tener acceso gratuito a los audios. Cada audio se puede reproducir, pausar y repetir tantas veces como quieras.

Todas las escenas de vocabulario, explicaciones gramaticales, canciones y ejercicios de escucha cuentan con audio de apoyo. Haz clic en el número correspondiente de la app para que se reproduzca el archivo adecuado.

La mayoría de los ejercicios cuentan también con audio. Tras hacerlos, el niño debe escuchar la respuesta correcta y repetirla en voz alta.

AUDIO GRATUITO
web y app

www.dkefe.com/junior/es

Unidades de repaso

En las cuatro unidades de repaso el niño puede leer un texto que incluye vocabulario y gramática de las últimas unidades del curso. A continuación, el niño escribe una respuesta personal a partir de ese texto.

Alfabeto y guía de escritura

El curso incluye una presentación del alfabeto de la lengua inglesa, así como una guía de escritura de cada una de las letras. El niño tiene espacio para practicar cada una de las letras.

Guía de gramática

Los conceptos gramaticales principales de *English for Everyone Junior: nivel inicial*, junto con los verbos y las expresiones más frecuentes, se recogen de manera ordenada en la Guía de gramática.

Aprender vocabulario nuevo

Cada unidad se abre con una escena ilustrada que muestra vocabulario nuevo. Conviene que los padres o los profesores atiendan al niño mientras escucha el audio en la web o la app, y lo animen a señalar y repetir cada elemento.

1 Primero, da click en la pantalla en el número que corresponde a la unidad (aquí la **unidad 15**). Luego, da click en el número del ejercicio y dale a **Play all**.

2 Entonces se oye el título de la unidad y un breve diálogo que define la escena. Acto seguido, el audio reproduce las palabras, una por una.

3 El audio se detiene unos segundos después de cada palabra. El niño debe repetir cada palabra durante esta pausa.

4 Tras escuchar todo el audio, el niño puede copiar cada palabra en la línea de puntos que hay debajo. Puede volver a escuchar la palabra si quiere.

5 Un breve ejercicio permite practicar algunas de las nuevas palabras que el niño acaba de aprender.

Aprender gramática nueva

La gramática nueva se explica con la ayuda de un sencillo diálogo que se basa en una escena ilustrada. El niño debe escuchar este diálogo antes de revisar las frases de ejemplo junto con el profesor o la persona que lo atiende.

1 Primero, da click en la pantalla en el número correspondiente (aquí, **15.7**). El niño escuchará entonces un breve diálogo.

2 Las frases del diálogo se descomponen en partes más sencillas, con las expresiones nuevas destacadas. Lee cada frase y su explicación.

3 En el recuadro **Cómo funciona**, los profesores o los padres disponen de información gramatical adicional.

4 El niño practica entonces la nueva gramática y el vocabulario en un ejercicio. A continuación, se pueden comprobar las respuestas al final del libro y escuchar (y repetir) los audios de cada respuesta.

1 My friends
Mis amigos

1.2 Escucha y lee.

Hello, I'm Max. What's your name?

My name's Andy.

⚙️ **Hello, what's your name?**

Hello, ⟋ what's your name?

Hello es un saludo.

Esto es lo que le preguntamos a alguien para saber cómo se llama.

Para responder, di **I'm**, seguido de tu nombre.

I'm

Andy.

My name's

En lugar de **I'm**, también puedes decir **My name's**, seguido de tu nombre.

Cómo funciona

I'm es una forma abreviada de **I am**. Es la primera persona del singular del verbo **to be**. En inglés, al hablar utilizamos a menudo formas abreviadas como **I'm**.

I am ➡ I'm
name is ➡ name's

 1.3 Escucha y une cada cara con su nombre.

Max   Andy   Maria   Sofia   Sara   Ben

1.4 Escucha y lee.

Hi, how are you?

Hi, how are you?

I'm fine, thanks.

Hi, how are you?

Hi también es un saludo.

Di esto para preguntarle a alguien cómo está.

I'm fine, thanks.

Al contestar, no olvides dar las gracias a la otra persona por su interés.

My name's Sara. What's your name?

My name's

And you?

13

1.5 Escucha, señala y repite.

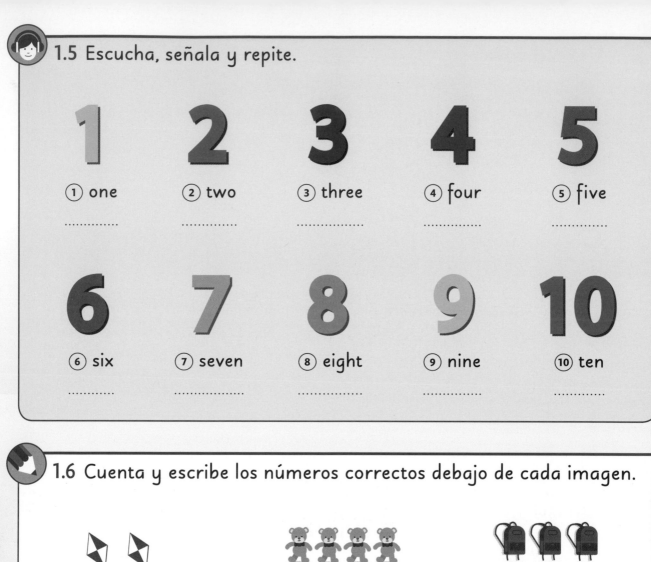

1 one

2 two

3 three

4 four

5 five

6 six

7 seven

8 eight

9 nine

10 ten

1.6 Cuenta y escribe los números correctos debajo de cada imagen.

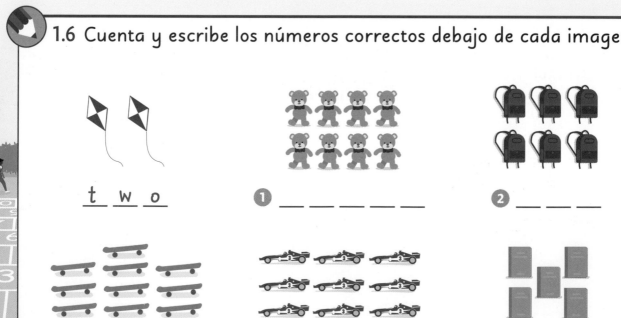

t w o

1 _ _ _ _ _ _

2 _ _ _

3 _ _ _ _ _

4 _ _ _ _

5 _ _ _ _

Ahora escucha y repite.

1.7 Escucha y lee.

How old are you?

I'm eight years old.

How old are you?

How old are you?

Di esto para preguntarle a alguien cuántos años tiene.

I'm eight years old.

Para decir tu edad, di **I'm**, seguido de un número. Si quieres, puedes añadir **years old** a continuación.

Cómo funciona

En inglés, empleamos el verbo **to be** para hablar de la edad. Así, decimos **I'm eight**, y no **I have eight**.

1.8 Escucha y escribe las respuestas correctas en los espacios.

six   ~~8~~   seven   10

I'm ___8___ years old.

❶ I'm _____ years old.

❷ I'm _____ years old.

❸ I'm _____ years old.

2 At school
En la escuela

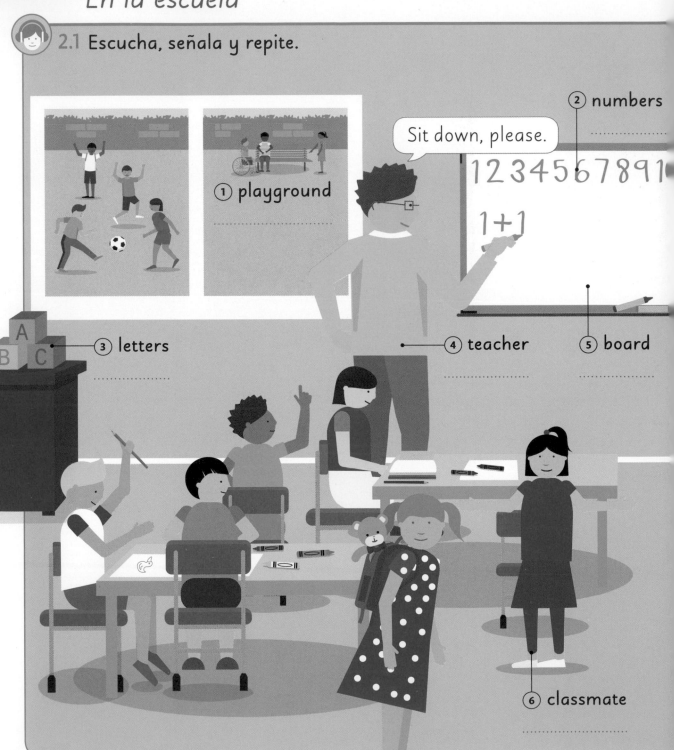

① playground

② numbers

Sit down, please.

③ letters

④ teacher

⑤ board

⑥ classmate

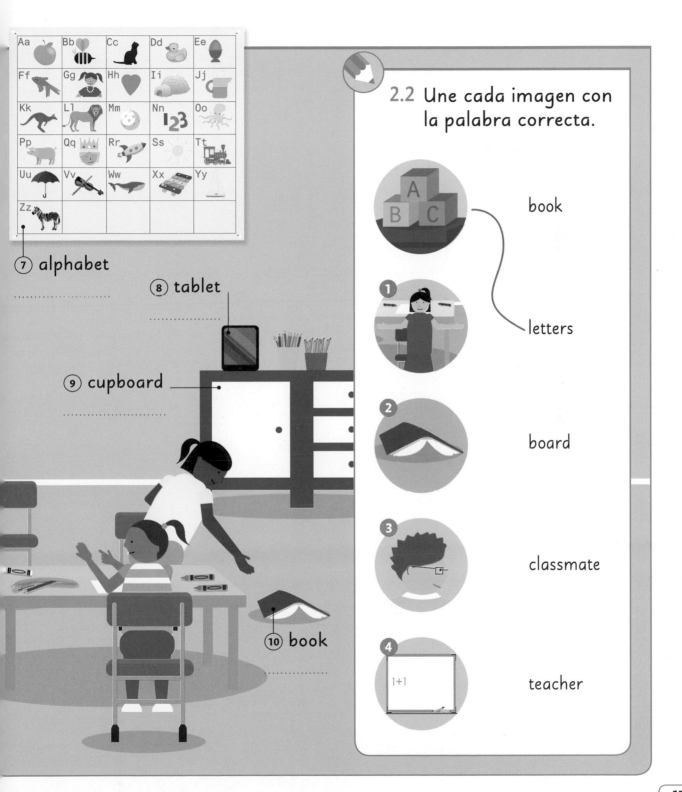

alphabet table:

Aa	Bb	Cc	Dd	Ee
Ff	Gg	Hh	Ii	Jj
Kk	Ll	Mm	Nn	Oo
Pp	Qq	Rr	Ss	Tt
Uu	Vv	Ww	Xx	Yy
Zz				

⑦ alphabet

⑧ tablet

⑨ cupboard

⑩ book

2.2 Une cada imagen con la palabra correcta.

book

1

letters

2

board

3

classmate

4

1+1

teacher

2.3 Escucha, señala y repite.

① look

② find

③ listen

④ show

⑤ add

⑥ open

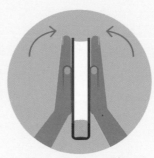

⑦ close

⑧ pick up

⑨ ask

⑩ answer

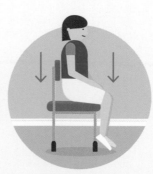

⑪ sit down

⑫ stand up

2.4 Mira las imágenes y señala las palabras correctas.

(open) / close

pick up / listen

show / answer

sit down / stand up

add / listen

pick up / look

Cc
Hh
Mm
Rr
Ww

Ahora escucha y repite.

2.5 Escucha y marca la imagen correcta.

A ☐   B ☑

① A ☐   B ☐

② A ☐   B ☐

③ A ☐   B ☐

④ A ☐   B ☐

⑤ A ☐   B ☐

What's her name?

What's her name?

Di **her** al preguntar por el nombre de una niña o una mujer.

What's his name?

Di **his** al preguntar por el nombre de un niño o un hombre.

Her name's **Sara.**

Para responder, di **Her** o **His name's** y añade el nombre de la persona.

His name's **Max.**

Cómo funciona

Her y **his** son adjetivos posesivos. Utiliza **her** para cosas que pertenecen a una niña o una mujer. Utiliza **his** para cosas que pertenecen a un niño o un hombre.

Mira las imágenes y escribe la palabra correcta en cada espacio.

His   her   ~~Her~~   his

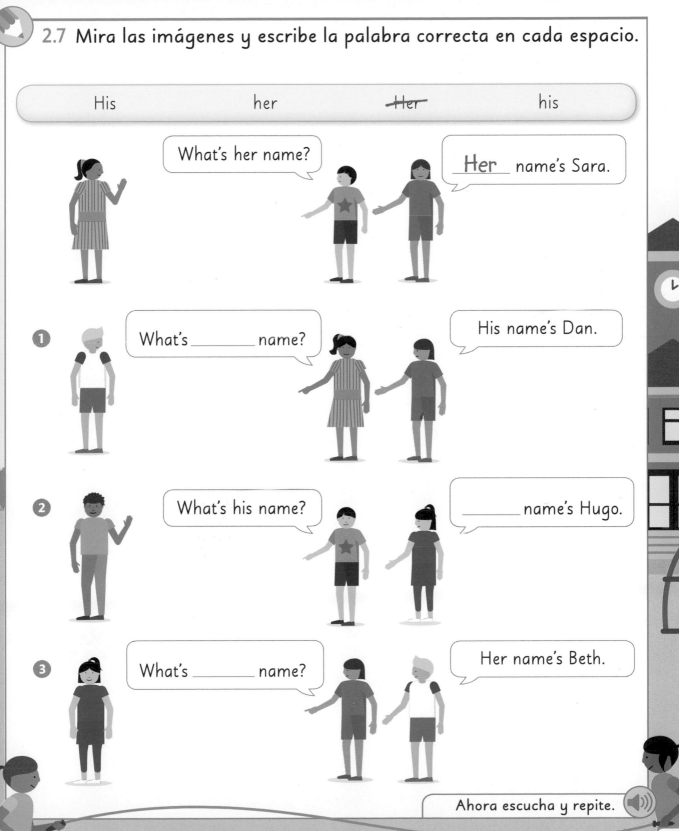

What's her name?

__Her__ name's Sara.

1. What's _____ name?

His name's Dan.

2. What's his name?

_____ name's Hugo.

3. What's _____ name?

Her name's Beth.

Ahora escucha y repite.

21

3 Our classroom
Nuestra clase

3.1 Escucha, señala y repite.

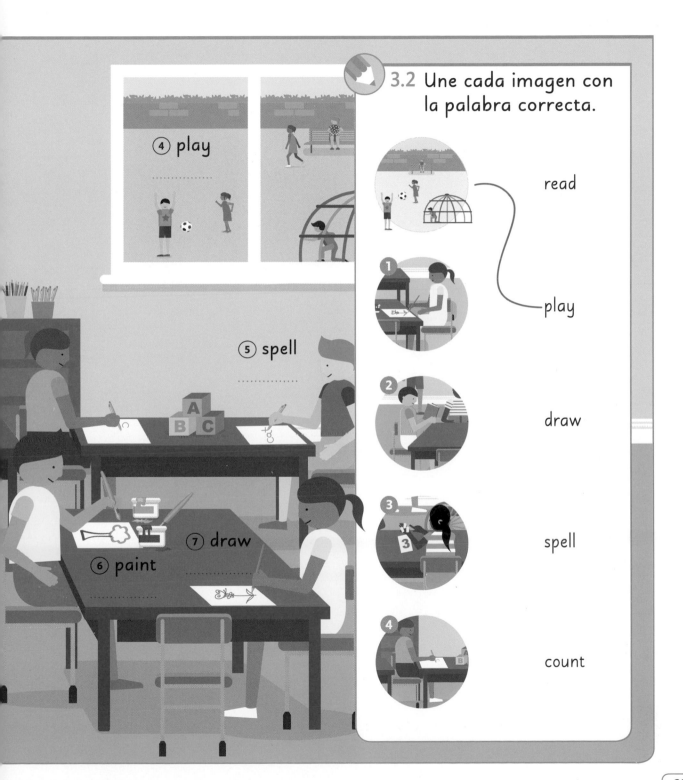

④ play

⑤ spell

⑥ paint ⑦ draw

A B C

3.2 Une cada imagen con la palabra correcta.

read

play

draw

spell

count

Let's paint!

Let's play!

Let's paint!

Let's

paint!

play!

Di **Let's** y añade la actividad que propones hacer.

Cómo funciona

Let's es una forma de invitar a otros a hacer algo juntos. Di **let's** seguido de una actividad.

3.4 Escucha y canta.

Hello, hello!
What's your name?
How are you?
Let's play a game.

Let's say hello
to my new friends
Max and Maria,
Sara and Ben.

3.5 Mira las imágenes y marca las frases correctas.

Let's count! ☐
Let's paint! ☑

1 Let's play! ☐
Let's count! ☐

2 c a t Let's read! ☐
Let's write! ☐

3 Let's draw! ☐
Let's read! ☐

4 Let's draw! ☐
Let's count! ☐

5 Let's play! ☐
Let's write! ☐

Ahora escucha y repite.

3.6 Escucha y escribe las respuestas correctas en los espacios.

write   ~~play~~   read   count

Let's _____play_____ !

1 Let's _____ !

2 Let's _____ !

3 Let's _____ !

3.7 Escucha, señala y repite.

11 ① eleven

12 ② twelve

13 ③ thirteen

14 ④ fourteen

15 ⑤ fifteen

16 ⑥ sixteen

17 ⑦ seventeen

18 ⑧ eighteen

19 ⑨ nineteen

20 ⑩ twenty

3.8 Une cada número con la palabra correcta.

11 ① **15** ② **20** ③ **18** ④ **13**

fifteen   twenty   eleven   thirteen   eighteen

Ahora escucha y repite.

26

3.9 Escucha y lee.

One book.

One book. Twelve books.

One | book.

Twelve | books.

Añade una **s** al final de la palabra cuando hay dos o más cosas.

Twelve books.

Cómo funciona
Para formar el plural de la mayoría de las palabras, añade una **s** al final.

3.10 Mira las imágenes y marca las respuestas correctas.

☑ book
☐ books

1 ☐ pen
☐ pens

2 ☐ teacher
☐ teachers

3 ☐ chair
☐ chairs

Ahora escucha y repite.

4.1 Escucha, señala y repite.

4.2 Cuenta los lápices.

4.3 Escribe las palabras correctas junto a cada imagen.

r u l e r

1 _ _ _ _ _ _

2 _ _ _ _ _ _

3 _ _ _ _ _ _

4 _ _ _ _ _

5 _ _ _

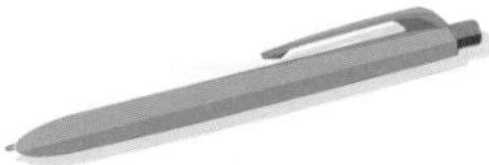

① pink

② book

③ crayon

④ eraser

⑤ pen

⑥ paper

⑦ ball

⑧ notepad

28

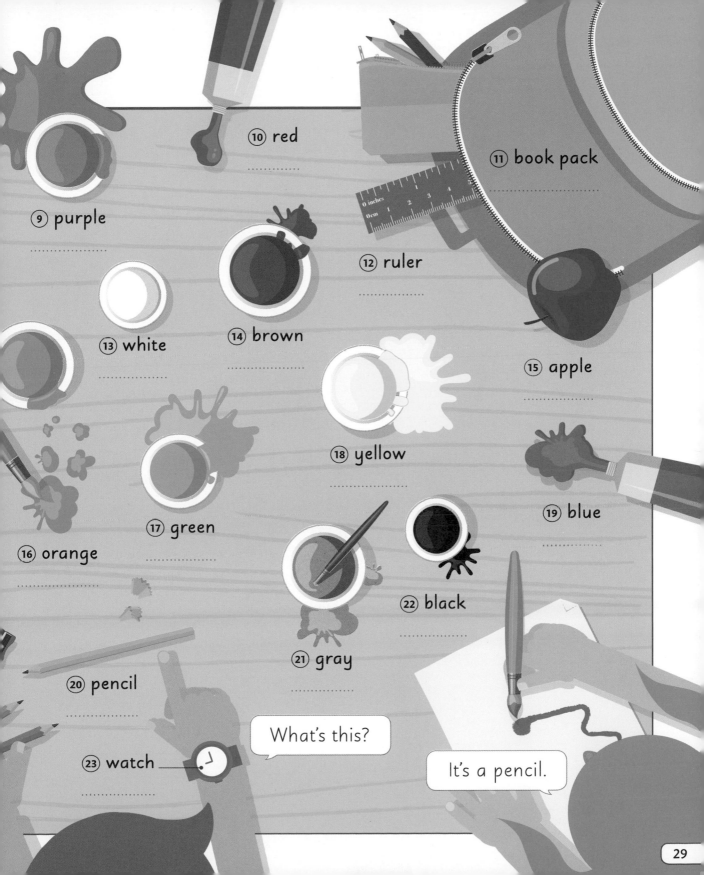

⑩ red

⑪ book pack

⑨ purple

⑫ ruler

⑬ white

⑭ brown

⑮ apple

⑱ yellow

⑯ orange

⑰ green

⑲ blue

⑳ pencil

㉑ gray

㉒ black

㉓ watch

What's this?

It's a pencil.

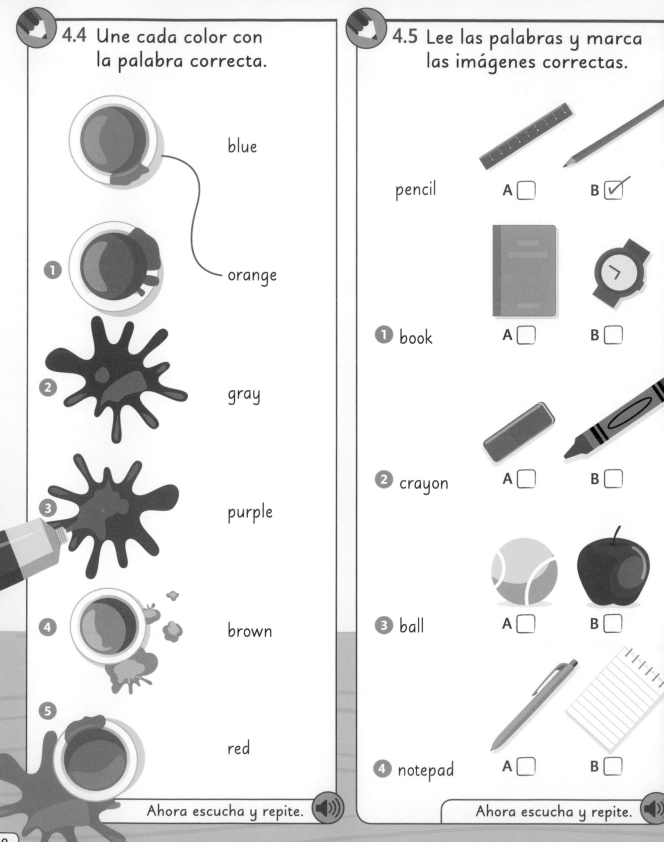

4.4 Une cada color con la palabra correcta.

blue

1 orange

2 gray

3 purple

4 brown

5 red

Ahora escucha y repite.

4.5 Lee las palabras y marca las imágenes correctas.

pencil   A ☐   B ☑

1 book   A ☐   B ☐

2 crayon   A ☐   B ☐

3 ball   A ☐   B ☐

4 notepad   A ☐   B ☐

Ahora escucha y repite.

4.6 Aquí hay seis palabras. Marca dónde comienza y termina cada palabra y escríbelas debajo.

yellowcrayonwhiteblackgreenapple

yellow

① _____

② _____

③ _____

④ _____

⑤ _____

Ahora escucha y repite.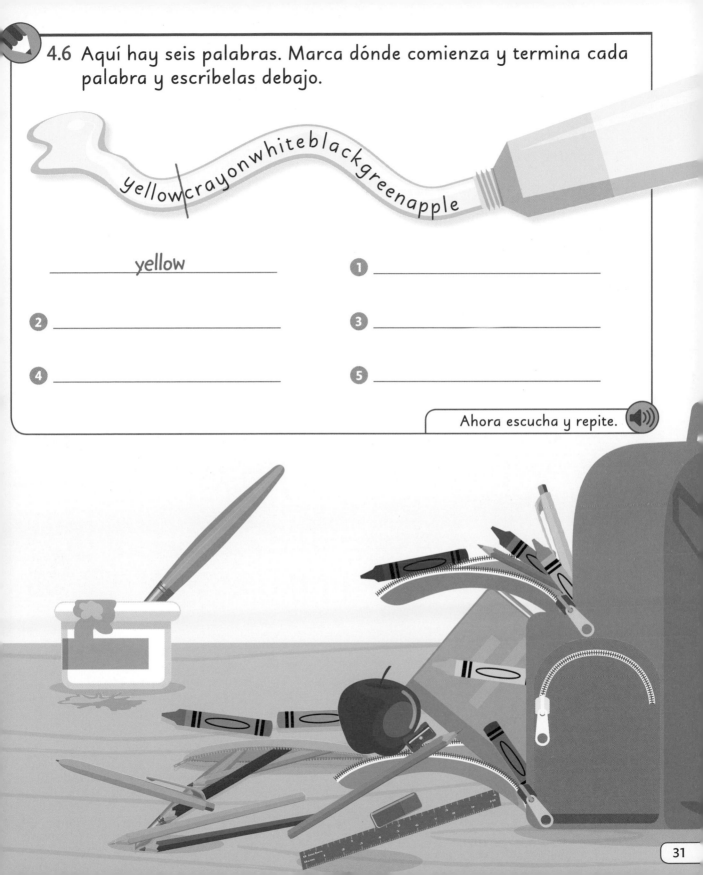

What's this?

It's a book.

What's this?

It's an apple.

What's this?

What's — this?

Para preguntar sobre una cosa, di primero **What's**.

Para preguntar de algo que tienes cerca, añade **this**.

It's — a — book.

Utiliza **It's** para hablar de una cosa o un animal, pero no de una persona.

It's — an — apple.

Si la palabra siguiente comienza con **a, e, i, o** o **u**, pon **an** delante.

Cómo funciona

Pregunta **What's this?** para pedir a alguien que identifique una cosa que tienes cerca. Al responder, di **It's a**, seguido por la cosa o el animal del que hablas.

What is → What's
It is → It's

4.8 Mira las imágenes y escribe las respuestas correctas.

It's a watch.   ~~It's a book.~~   It's an apple.   It's an eraser.

What's this?

It's a book.

1

What's this?

_____

2

What's this?

_____

3

What's this?

_____

Ahora escucha y repite. 🔊

What are these?

They're pencils!

What are these?

pencils.

| What are | these? | | They're | pens. |

Para preguntar sobre dos o más cosas, di **What are**.

Utiliza **these** para preguntar sobre cosas que tienes cerca.

Utiliza **They're** para describir dos o más cosas.

crayons.

Añade siempre una **s** para hablar de dos o más unidades de algo.

Cómo funciona

What are these? es el plural de **What's this?** Utilízalo para preguntar sobre dos o más cosas que tengas cerca. Al responder no añadas **a** o **an**.

They are ➡ They're

4.10 Mira las imágenes y escribe las palabras correctas.

crayons   ~~pencils~~   rulers
erasers   notepads

What are these?
They're ___pencils___ .

1 What are these?
They're _____ .

2 What are these?
They're _____ .

3 What are these?
They're _____ .

4 What are these?
They're _____ .

Ahora escucha y repite.

4.11 Escucha y canta.

Red,
yellow,
green,
and blue!

Black,
white, and
orange, too!

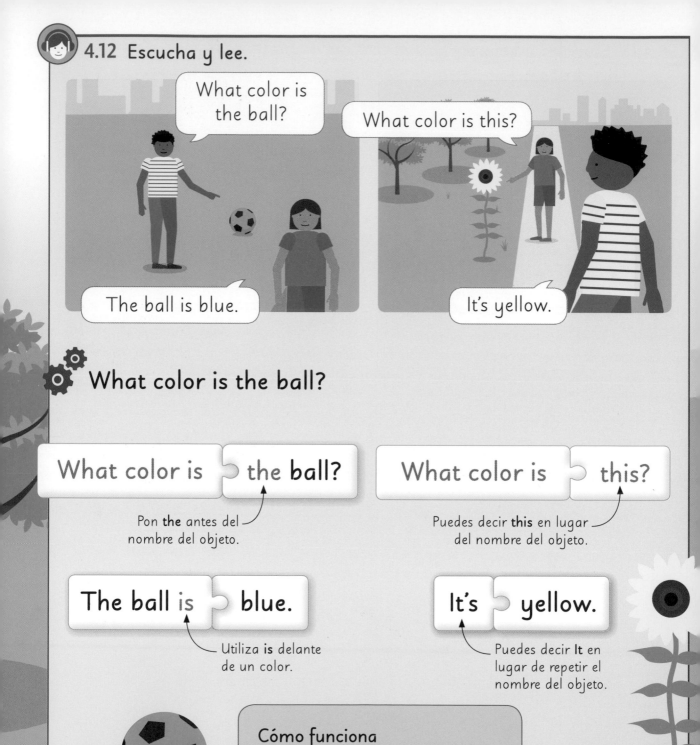

4.12 Escucha y lee.

What color is the ball?

What color is this?

The ball is blue.

It's yellow.

What color is the ball?

| What color is | the ball? |

Pon **the** antes del nombre del objeto.

| What color is | this? |

Puedes decir **this** en lugar del nombre del objeto.

| The ball is | blue. |

Utiliza **is** delante de un color.

| It's | yellow. |

Puedes decir **It** en lugar de repetir el nombre del objeto.

Cómo funciona
Esta pregunta utiliza el artículo definido **the**. Utiliza **the** para hablar sobre una cosa concreta.

4.13 Escucha y colorea las imágenes.

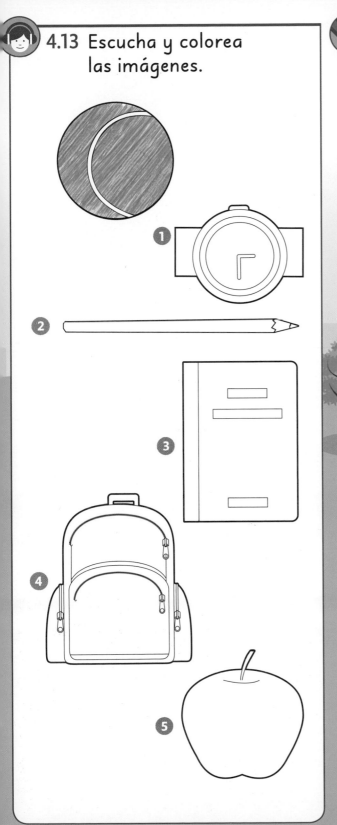

① ② ③ ④ ⑤

4.14 Mira las imágenes y escribe las respuestas correctas.

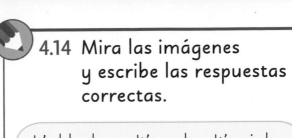

It's black.   It's red.   ~~It's pink.~~
It's purple.   It's yellow.

What color is the crayon?
__It's pink.__

① What color is this?

_____

② What color is the pen?

_____

③ What color is this?

_____

④ What color is the watch?

_____

Ahora escucha y repite.

5 Our favorite animals
Nuestros animales favoritos

5.1 Escucha, señala y repite.
5.2 ¿De qué color es la rana?

1. zebra
2. giraffe
3. lion
4. elephant
5. hippo
6. parrot
7. tiger
8. monkey
9. bear
10. frog
11. snake

⑫ polar bear

⑬ bird

⑭ whale

⑮ penguin

⑯ crocodile

What's that?

It's a crocodile!

⑰ lizard

Escribe la palabra correcta debajo de cada imagen.

l i o n

1

2

3

4

5

5.4 Mira las imágenes y marca las palabras correctas.

snake ☐
hippo ☑
crocodile ☐

1
whale ☐
parrot ☐
crocodile ☐

2
lion ☐
bear ☐
monkey ☐

3
frog ☐
tiger ☐
giraffe ☐

Ahora escucha y repite.

5.5 Une las imágenes con las palabras correctas.

1 **2** **3** **4**

snake   zebra   lion   penguin   lizard

Ahora escucha y repite.

5.6 Escucha y marca las imágenes correctas.

A ☐   B ☑

1   A ☐   B ☐

2   A ☐   B ☐

3   A ☐   B ☐

5.7 Escucha y canta.

♪ Animals, animals
everywhere! ♪
A lion, a giraffe,
and a polar bear. ♪

A whale and a penguin,
a tiger and a snake,
animals, animals,
they are great! ♪

5.8 Escucha y lee.

What's that?

It's a lion!

What's that?

What's | that?

It's a | lizard.

It's a | lion.

frog.

Utiliza **that** para preguntar sobre una cosa que no tienes cerca.

Cómo funciona

Para preguntar sobre una cosa que tienes cerca, di **What's this?** Para preguntar sobre una cosa que no tienes cerca, di **What's that?** Para responder, di **It's a** y añade el nombre de la cosa.

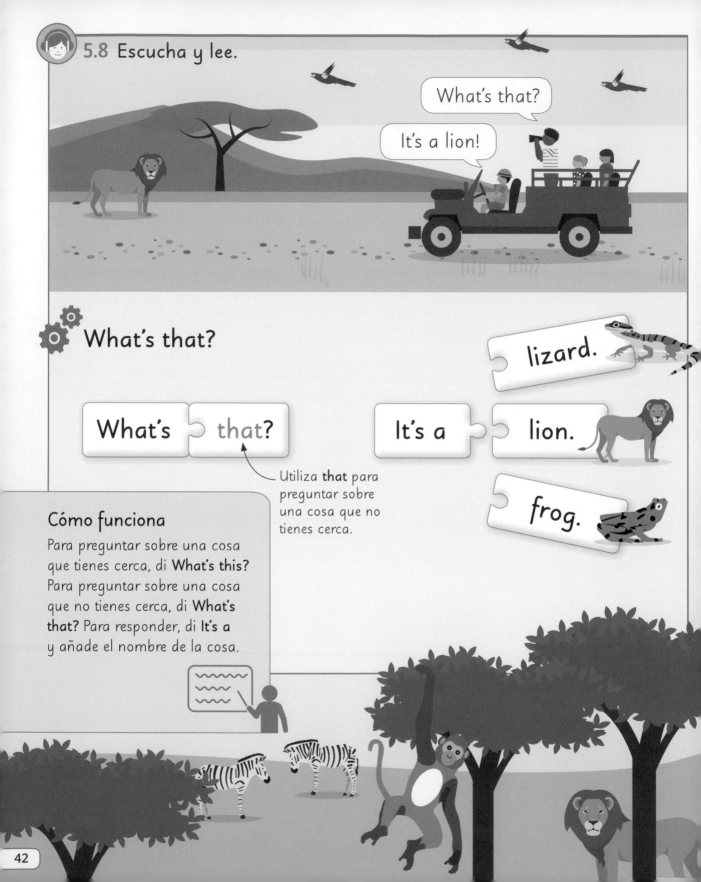

5.9 Mira las imágenes y escribe las palabras correctas en los espacios.

crocodile   ~~lion~~   giraffe   bear

What's that?   It's a __lion__ .

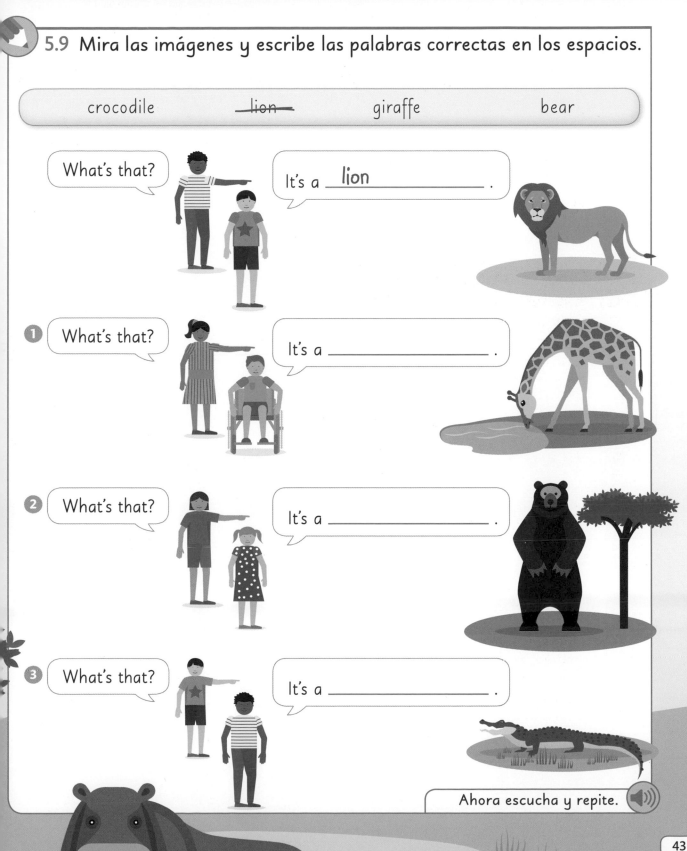

1 What's that?   It's a _____ .

2 What's that?   It's a _____ .

3 What's that?   It's a _____ .

Ahora escucha y repite.

43

5.10 Escucha y lee.

What are those?

They're penguins!

What are those?

What are — **those?**

Utiliza **those** para preguntar sobre dos o más cosas que no tienes cerca.

They're — **penguins.**

Utiliza **They're** para hablar de dos o más cosas.

birds.

polar bears.

Cómo funciona

Para preguntar sobre dos o más cosas que no tienes cerca, di **What are those?** Para responder, di **They're** y añade el nombre de las cosas. No olvides utilizar la forma del plural.

44

5.11 Escucha y marca las imágenes correctas.

A ☐   B ☑

1 A ☐   B ☐

 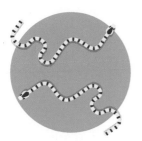 

2 A ☐   B ☐

3 A ☐   B ☐

4 A ☐   B ☐

5 A ☐   B ☐

What's your favorite animal?

My favorite animal is a tiger!

What's your favorite animal?

What's your favorite | animal?

Utiliza estas palabras para preguntarle a alguien qué es lo que más le gusta.

a tiger.

My favorite | animal | is

an elephant.

No olvides utilizar **an** si la palabra comienza por **a, e, i, o,** o **u.**

Cómo funciona

También puedes utilizar estas palabras para preguntar sobre otras cosas, como la comida o el color favoritos.

5.13 Escucha y une cada nombre con su animal.

Max   **1** Jill   **2** Grace   **3** Nick   **4** Alice   **5** James

tiger

parrot

snake

zebra

penguin

lizard

My favorite animal is a bear.

What's your favorite animal?

And you?

6 This is my family
Esta es mi familia

6.1 Escucha, señala y repite.
6.2 Busca las jirafas.

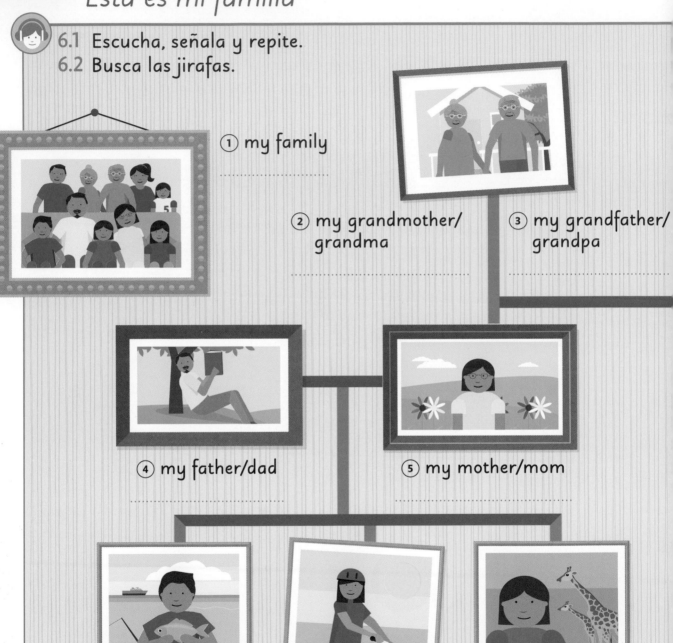

① my family

② my grandmother/ grandma

③ my grandfather/ grandpa

④ my father/dad

⑤ my mother/mom

⑥ my brother

⑦ my sister

⑧ me

6.3 Une cada imagen con las palabras correctas.

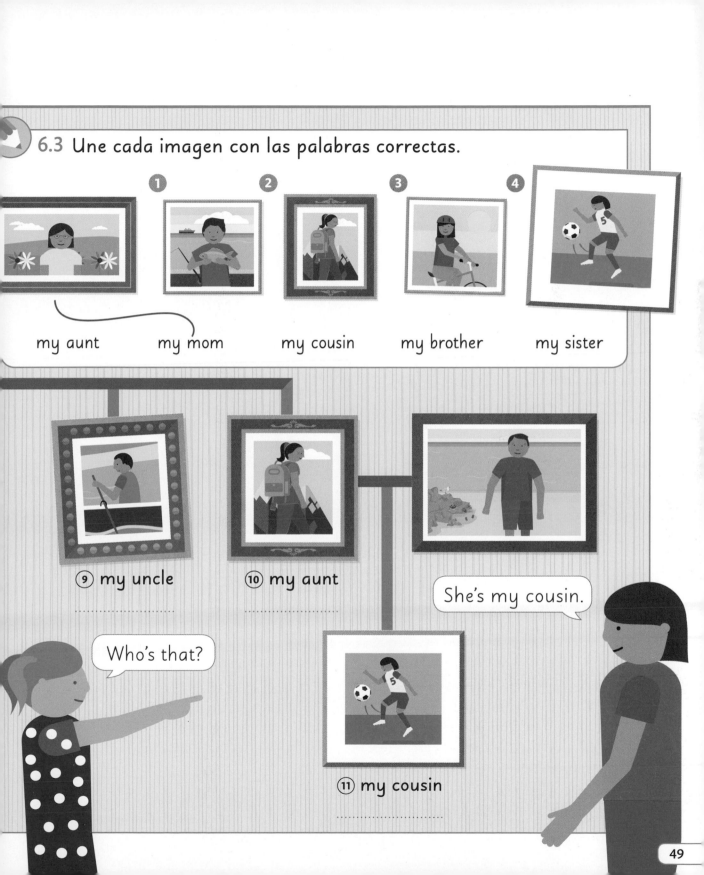

1 **2** **3** **4**

my aunt   my mom   my cousin   my brother   my sister

⑨ my uncle

....

⑩ my aunt

....

Who's that?

⑪ my cousin

....

She's my cousin.

Mira las imágenes y escribe las palabras correctas en los espacios.

1 __ __ __
__ __ __ __

2 __ __ __
__ __ __ __

3 __ __ __
__ __ __ __ __ __ __ __

m e

4 __ __ __
__ __ __ __ __ __ __ __ __

my dad

my sister

my brother   me   my mom

Ahora escucha y repite.

6.5 Mira las imágenes y marca las palabras correctas.

 (sister) / grandfather

 mother / uncle

 grandma / dad

 aunt / brother

 mom / grandpa

 grandma / father

Ahora escucha y repite.

6.6 Mira las imágenes y escribe cada palabra en su lugar.

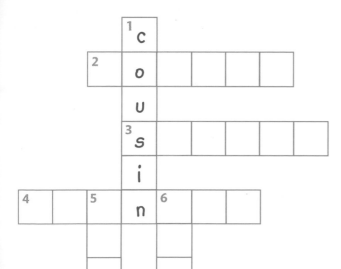

Crossword:
1. c
   o
   u
2. s _ _ _ _
   i
3. s _ _ _ _ _
4. _ _ 5. _ 6. n _ _

6.7 Escucha y lee.

Who's this? He's my brother.

Who's that?

She's my aunt.

Who's this? Who's that?

Who's **this?**

Para saber quién es alguien, utiliza **Who's.**

Si la persona está cerca de ti, utiliza **this.**

He's **my** **brother.**

Si hablas de un niño o un hombre, di **He's.**

Utiliza **my** para hablar de alguien que tiene relación contigo.

Who's **that?**

Si la persona no está cerca de ti, utiliza **that.**

She's **my** **aunt.**

Si hablas de una niña o una mujer, di **She's.**

Cómo funciona

Who se utiliza para preguntar por personas. **He's** y **She's** son las formas de la tercera persona del singular del verbo **to be**. Utiliza **he** para hablar de hombres y **she** para hablar de mujeres.

Who is → Who's
He is → He's
She is → She's

6.8 Mira las imágenes y escribe la pregunta correcta en cada espacio.

> Who's this?   ~~Who's that?~~   Who's this?   Who's that?

Who's that?

She's my aunt.

1 _____

She's my mother.

2 _____

He's my grandfather.

3 _____

She's my sister.

Ahora escucha y repite.

6.9 Escucha y lee.

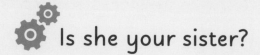

Is she your sister?

Is she your sister?

Yes, she is!

Is he your dad?

No, he isn't.
He's my uncle.

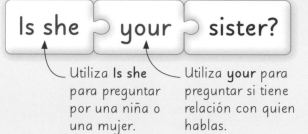

Utiliza **Is she** para preguntar por una niña o una mujer.

Utiliza **your** para preguntar si tiene relación con quien hablas.

Puedes responder **Yes** o **Yes, she is.**

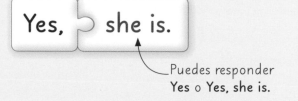

Utiliza **Is he** para preguntar por un niño o un hombre.

Puedes responder **No** o **No, he isn't.**

Cómo funciona

Para hacer una pregunta con el verbo **to be**, pon **is** antes de **he** o **she**.
Your es el adjetivo posesivo con el que indicas que algo pertenece a la persona con la que hablas.

Is not ➡ Isn't

6.10 Mira las imágenes y marca las respuestas correctas.

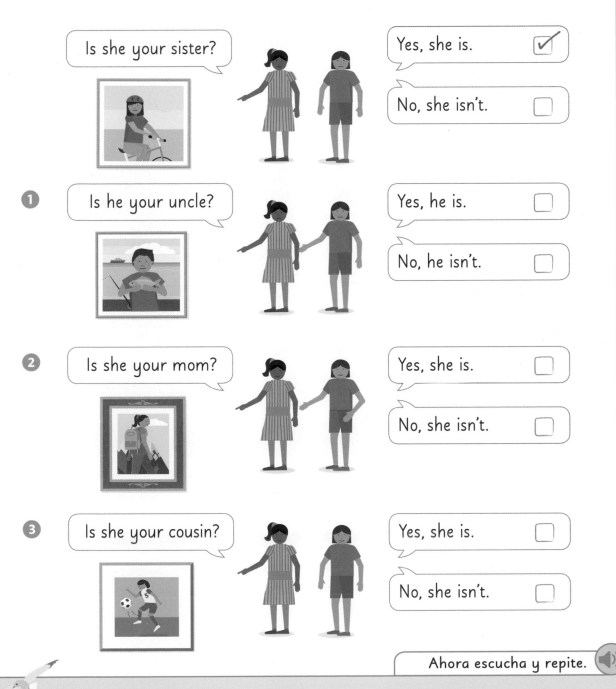

Is she your sister?
Yes, she is. ✓
No, she isn't. ☐

1 Is he your uncle?
Yes, he is. ☐
No, he isn't. ☐

2 Is she your mom?
Yes, she is. ☐
No, she isn't. ☐

3 Is she your cousin?
Yes, she is. ☐
No, she isn't. ☐

Ahora escucha y repite.

55

6.11 Escucha, señala y repite.

① teacher

② vet

③ farmer

④ doctor

⑤ chef

⑥ police officer

⑦ firefighter

6.12 Escucha y lee.

She's a teacher.

She's

He's

a teacher.

Utiliza **a** antes de la profesión.

6.13 Une cada imagen con el trabajo al que corresponde.

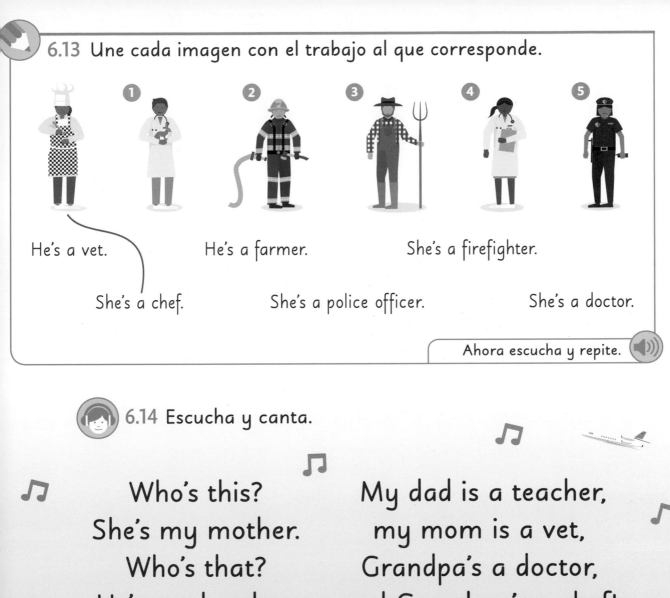

He's a vet.

He's a farmer.

She's a firefighter.

She's a chef.

She's a police officer.

She's a doctor.

Ahora escucha y repite.

6.14 Escucha y canta.

Who's this?
She's my mother.
Who's that?
He's my brother.

My dad is a teacher,
my mom is a vet,
Grandpa's a doctor,
and Grandma's a chef!

This is my room
Esta es mi habitación

7.1 Escucha, señala y repite.
7.2 Busca el coche lila.

1 poster

2 computer

3 mouse

5 lamp

4 keyboard

These are my toys.

6 toy box

7 desk

8 doll

9 chair

10 car

This is my camera.

11 camera

12 rug

13 bed

14 teddy bear

15 baseball bat

16 ball

17 skateboard

18 tennis racket

7.3 Escribe las palabras correctas.

c h a i r

1. _ _ _ _

2. _ _ _ _

3. _ _ _ _

4. _ _ _

5. _ _ _ _

59

7.4 Une cada imagen con las palabras correctas.

1 **2** **3** **4**

teddy bear   camera   computer   tennis racket   baseball bat

Ahora escucha y repite.

7.5 Mira las imágenes y escribe las respuestas correctas.

It's a toy box.   They're chairs.   ~~It's a ball.~~
    It's a skateboard.   It's a rug.   They're dolls.

What's this?

It's a ball.

1 What are these?

2 What are these?

3 What's this?

4 What's this?

5 What's this?

Ahora escucha y repite.

7.6 Mira las imágenes y pon las letras en el orden correcto.

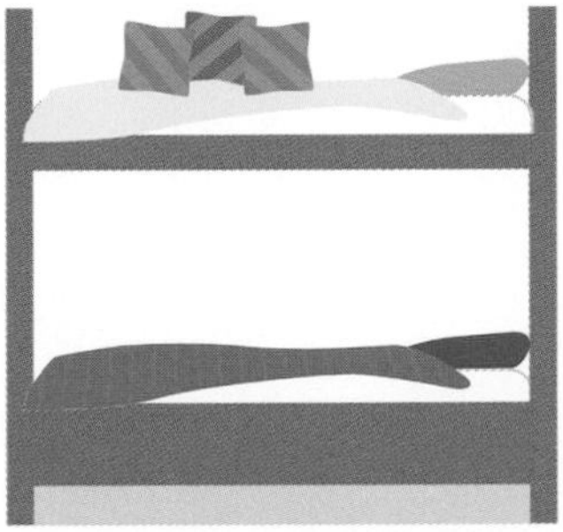

b d e

c m r e a a

p e s o r t

_b_ _e_ _d_

1 _c_ _ _ _ _ _

2 _p_ _ _ _ _ _

c a r i h

c r a

l p m a

3 _c_ _ _ _ _

4 _c_ _ _

5 _l_ _ _ _

Ahora escucha y repite.

This is my toy box.

This is my toy box.

These are my toys.

This is / my toy box.

Utiliza **This is** para describir una cosa que tienes cerca.

These are / my toys.

Utiliza **These are** para describir dos o más cosas que tienes cerca.

That's / my doll.

Utiliza **That's** para describir una cosa que está lejos.

That's my doll.

Those are my cars.

Those are / my cars.

Utiliza **Those are** para describir dos o más cosas que están lejos.

Cómo funciona

Para hablar de una cosa que tienes cerca, di **this is**. Utiliza **these are** cuando haya dos o más cosas.

Para hablar de una cosa que está lejos, di **that's**. Utiliza **those are** si hay dos o más cosas.

That is → That's

7.8 Mira las imágenes y marca las frases correctas.

This is my toy box. ☑
These are my toy boxes. ☐

1 This is my doll. ☐
These are my dolls. ☐

2 This is my lamp. ☐
These are my lamps. ☐

3 This is my rug. ☐
These are my rugs. ☐

Ahora escucha y repite. 🔊

7.9 Mira las imágenes y escribe las palabras correctas en cada caso.

That's ~~Those are~~ Those are That's

Those are my toys.

1 _____ my poster.

2 _____ my skateboard.

3 _____ my cars.

Ahora escucha y repite. 🔊

7.10 Escucha y lee.

I have a desk.

I don't have a desk.

I have a desk.

I have | a desk.

Di esto para hablar de cosas que tienes.

I don't have | a desk.

Di esto para hablar de cosas que no tienes.

Cómo funciona

Para hablar de cosas que tienes o posees, utiliza **I have** seguido de **a** o **an** y, a continuación, esa cosa.

Para hablar de cosas que no tienes o no posees, utiliza **I don't have**.

Do not ➡ Don't

7.11 Mira las imágenes y escribe el nombre correcto en cada caso.

Sofia

Max

I have a desk.

___Sofia___

1 I have a ball.

_____

2 I don't have a chair.

_____

3 I have a tennis racket.

_____

4 I have a baseball bat.

_____

5 I don't have a ball.

_____

Ahora escucha y repite.

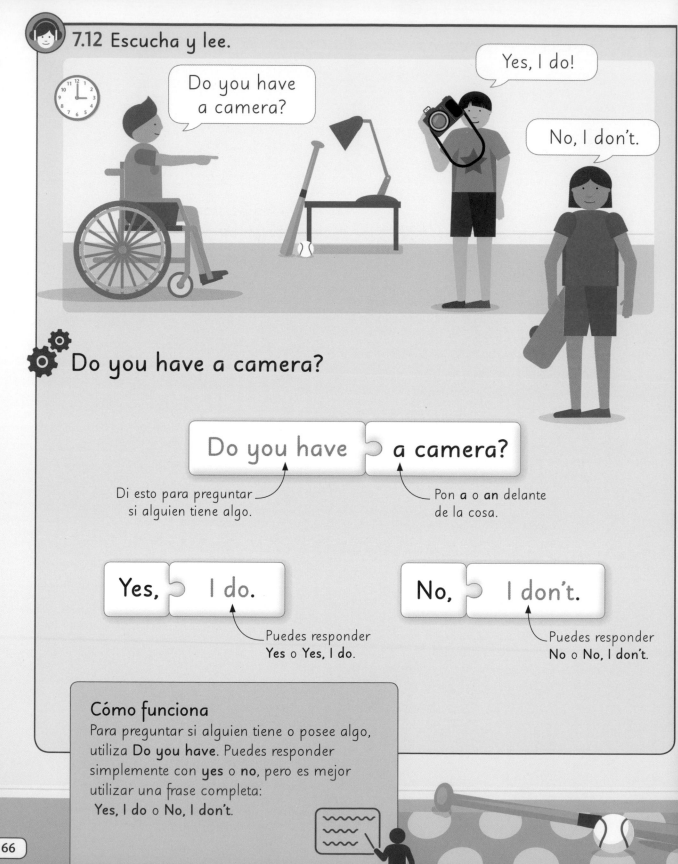

Do you have a camera?

Yes, I do!

No, I don't.

Do you have a camera?

| Do you have | a camera? |

Di esto para preguntar si alguien tiene algo.

Pon **a** o **an** delante de la cosa.

| Yes, | I do. |

Puedes responder **Yes** o **Yes, I do.**

| No, | I don't. |

Puedes responder **No** o **No, I don't.**

Cómo funciona
Para preguntar si alguien tiene o posee algo, utiliza **Do you have**. Puedes responder simplemente con **yes** o **no**, pero es mejor utilizar una frase completa:
Yes, I do o No, I don't.

7.13 Escucha y marca las respuestas correctas.

Do you have a camera?

Yes, I do. ☐

No, I don't. ☑

1 Do you have a car?

Yes, I do. ☐

No, I don't. ☐

2 Do you have a computer?

Yes, I do. ☐

No, I don't. ☐

3 Do you have a skateboard?

Yes, I do. ☐

No, I don't. ☐

7.14 Escucha y canta.

This is my toy box
and these are my toys,
I have a ball
and a skateboard, too.
Toys are fantastic!
Toys are cool!

Review: This is me
Repaso: Así soy yo

 8.1 Escucha y lee.

My name's Ben.
I'm eight years old.
My favorite animal is a penguin.
My favorite color is green.
I have a tennis racket.
I don't have a baseball bat.

This is my family.

8.2 Escribe sobre ti y dibuja tu familia.

My name's _____
I'm _____.
_____ years old.
My favorite animal is a _____.
My favorite color is _____.
I have a _____.
I don't have a _____.

This is my family.

9 At the fair
En el parque de diversiones

9.1 Escucha, señala y repite.
9.2 Busca a Andy.

9.3 Escribe la palabra correcta junto a cada imagen.

h o t

1 ____ ____ ____ ____ ____

2 ____ ____ ____ ____ ____

3 ____ ____ ____ ____ ____ ____

4 ____ ____ ____ ____ ____ ____

① tired

② hungry

③ thirsty

They're hungry.

We aren't hungry. We're thirsty.

④ scared

⑤ hot ⑥ cold

⑦ excited

⑧ sad ⑨ happy

9.4 Mira las imágenes y marca la palabra correcta.

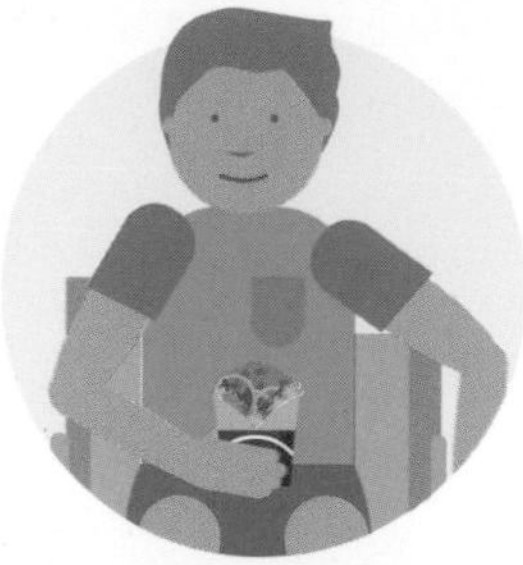

sad ☐
hungry ☑
happy ☐

1
tired ☐
excited ☐
thirsty ☐

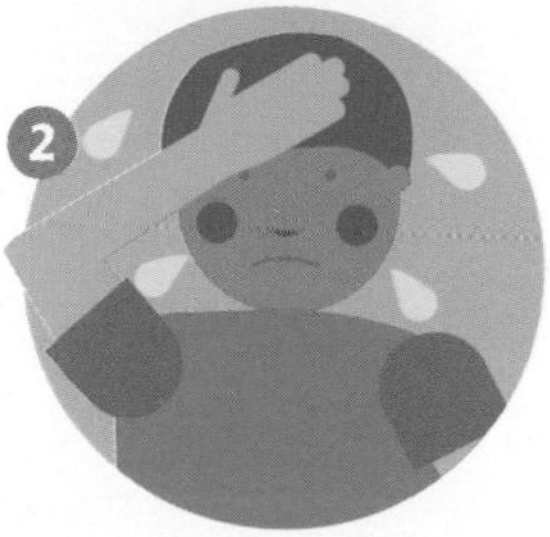

2
hot ☐
happy ☐
cold ☐

3
cold ☐
scared ☐
hungry ☐

Ahora escucha y repite. 🔊

9.5 Une cada imagen con la palabra correcta.

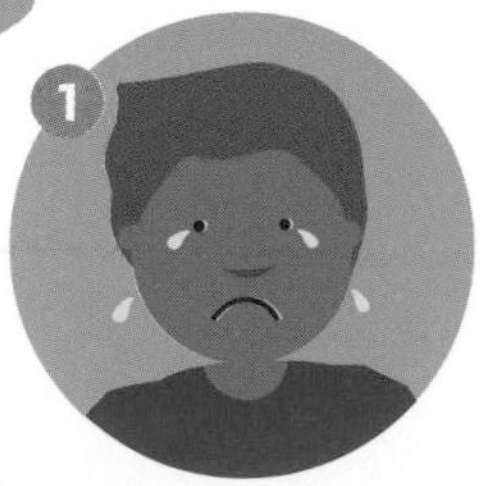

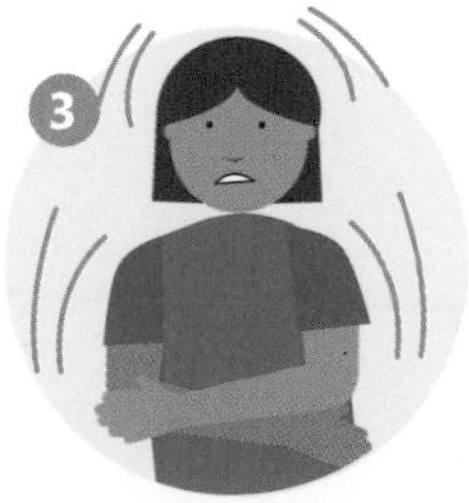

1   2   3   4

sad   excited   cold   tired   happy

Ahora escucha y repite. 🔊

9.6 Mira las imágenes y pon las letras en el orden correcto.

h t o

h o t

h y g r u n

h _ _ _ _ _ _

h p a y p

h _ _ _ _ _

s d r a e c

s _ _ _ _ _ _

s d a

s _ _

t s y h t i r

t _ _ _ _ _ _ _

Ahora escucha y repite.

♫ Are you happy?
Yes, we are! ♪
We are at the fair.

♪

Are you tired?
No, we aren't.
♪
We aren't tired
or scared!

73

9.8 Escucha y lee.

We're happy!

They're very scared.

⚙️ **We're happy!**

| We're | happy! |

Para hablar de un grupo del que formas parte, utiliza **We're**.

| They're | scared. |

Para hablar de un grupo del que no forman parte ni tú ni la persona con la que hablas, utiliza **They're**.

| We're | really | happy! |

Para indicar que un sentimiento (tuyo o de otros) es intenso, añade **really** o **very** antes del adjetivo.

| They're | very | scared. |

Cómo funciona

We're y **they're** son ejemplos del **present simple** del verbo **to be**.

Añade un adjetivo después del verbo **to be** para decir cómo te sientes (tú u otros). Poner **really** o **very** antes del adjetivo le da más intensidad.

We are ➡ We're
They are ➡ They're

74

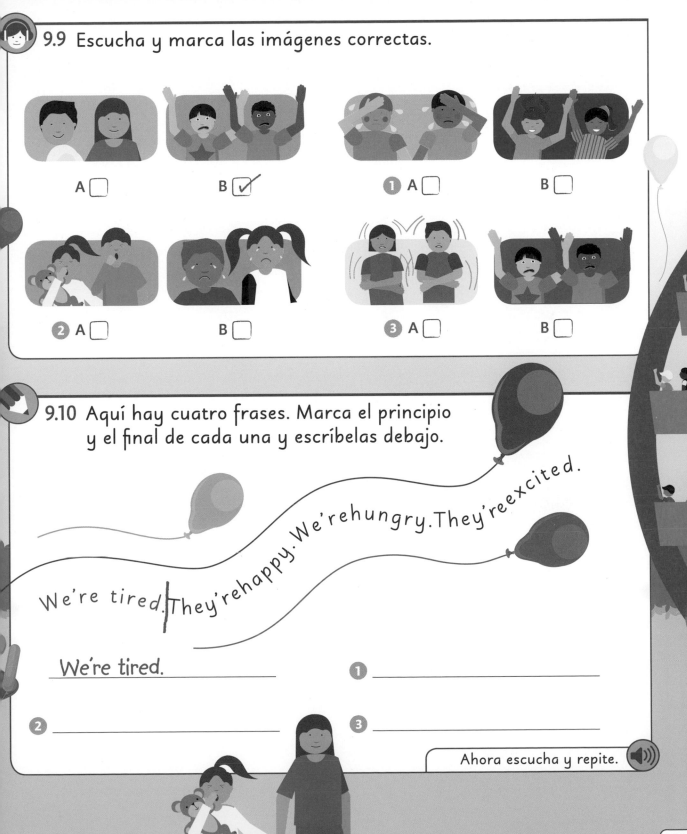

9.9 Escucha y marca las imágenes correctas.

A ☐   B ☑   ① A ☐   B ☐

② A ☐   B ☐   ③ A ☐   B ☐

9.10 Aquí hay cuatro frases. Marca el principio y el final de cada una y escríbelas debajo.

We're tired. They're happy. We're hungry. They're excited.

We're tired.

① _____

② _____

③ _____

Ahora escucha y repite.

75

Are you hungry?

Yes, we are.

Are they sad?

No, they aren't. They're tired.

Are you hungry?

| Are you | hungry? | Are they | sad? |

Are you sirve para hablar con una persona o con un grupo de gente.

Para preguntar sobre un grupo en el que no estás, di Are they.

| Yes, | we are. | Yes, | they are. |

Para responder en nombre de un grupo, di Yes, we are o No, we aren't.

Para describir un grupo en el que no estás, di Yes, they are o No, they aren't.

| No, | we aren't. | No, | they aren't. |

Cómo funciona
Are you y Are they son preguntas con el verbo to be.

Are not ➡ Aren't

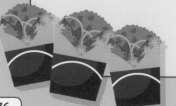

9.12 Mira las imágenes y escribe la respuesta correcta en cada espacio.

Yes, they are.   No, we aren't.   No, they aren't.   ~~Yes, we are.~~

Are you hungry?

Yes, we are.

1

Are you excited?

2

Are they hot?

3

Are they tired?

Ahora escucha y repite.

10 Our pets
Nuestras mascotas

10.1 Escucha, señala y repite.
10.2 Cuenta los peces.

10.3 Une cada imagen con la palabra correcta.

tortoise

spider

1

2   dog

3   cat

4   rabbit

Look! Andy has a dog.

Yes, it's very dirty.

① rabbit

② tortoise

③ dog

④ mouse

⑤ collar

78

⑥ spider

⑦ cat

⑧ vet

⑨ fish

① young

② old

③ nice

④ scary

⑤ dirty

⑥ clean

⑦ beautiful

⑧ big

⑨ small

10.5 Escribe la palabra correcta debajo de cada imagen.

dog   cat   ~~fish~~   mouse

f i s h

1 _ _ _

2 _ _ _ _ _

3 _ _ _

Ahora escucha y repite.

10.6 Mira las imágenes y marca las palabras correctas.

☐ clean
☑ dirty

1 ☐ nice
☐ scary

2 ☐ old
☐ young

3 ☐ small
☐ big

4 ☐ beautiful
☐ scary

5 ☐ scary
☐ dirty

Ahora escucha y repite.

10.7 Encuentra y señala las cinco palabras ocultas.

cat

vet

~~young~~

rabbit

collar

mouse

```
c   r   m   a   n   d
  o  (y   o   u   n   g)
  l    s   u   v   e    g
  l    c   s   e   r    c
a   y   e   t   d    a
  r   a   b   b   i   t
```

 10.8 Escucha y canta.

I have a cat,
she's black and small.
She likes to run
and play with a ball.

Maria has a tortoise,
his name is Socks.
He's old and green
and he's in this box.

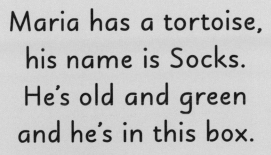

Ben has a cat.

Look!
Ben has a cat!

Sara has a fish!

Ben has

a cat.

He has

Utiliza **He has** para
decir lo que un niño
o un hombre tienen.

Sara has

Puedes decir el nombre
en lugar de **she** o **he**.

a fish.

She has

Utiliza **She has** para
decir lo que una niña
o una mujer tienen.

Cómo funciona

Utiliza **He has** o **She has** para
explicar lo que una persona tiene
o posee. También puedes decir
su nombre en lugar de **he** o **she**.

10.10 Escucha y une cada persona con su mascota.

Sara   **1** Dan   **2** Nick   **3** Kate   **4** Anna

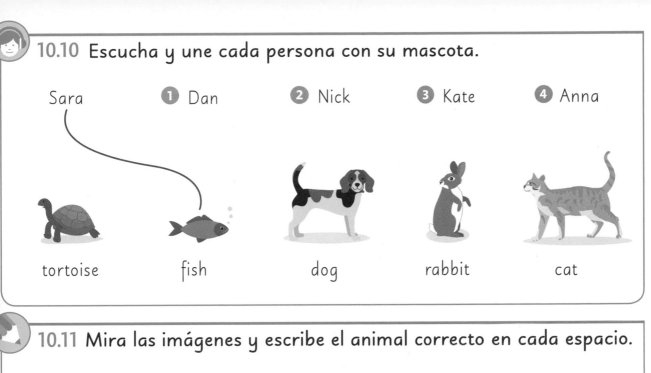

tortoise   fish   dog   rabbit   cat

10.11 Mira las imágenes y escribe el animal correcto en cada espacio.

mouse   dog   ~~rabbit~~   fish

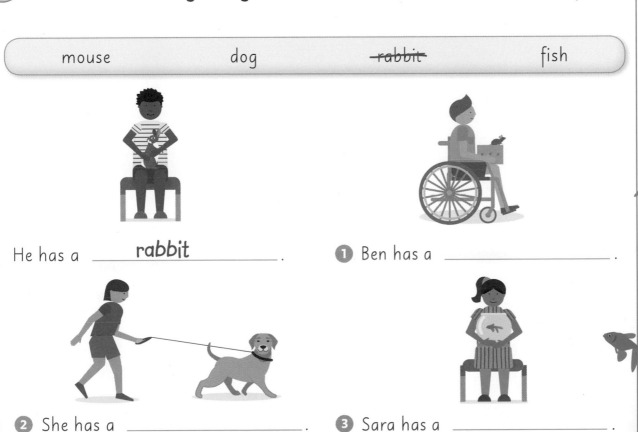

He has a _____rabbit_____.

1 Ben has a _____.

2 She has a _____.

3 Sara has a _____.

Ahora escucha y repite.

83

10.12 Escucha y lee.

Does she have a tortoise?

Does Maria have a tortoise?

Yes, she does!

Does she have | a tortoise

Di esto para saber si una niña o una mujer tienen algo.

Yes, | she does.

Puedes responder Yes o Yes, she does.

Does Andy have a rabbit?

No, he doesn't.

Does he have | a rabbit?

Puedes decir el nombre en lugar de he o she.

No, | he doesn't.

Puedes responder No o No, he doesn't.

Cómo funciona

Para preguntar si alguien tiene o posee algo, di **Does she have** or **Does he have**, seguido de la cosa por la que preguntas.

Does not ➡ Doesn't

84

10.13 Mira las imágenes y escribe las respuestas correctas en los espacios.

No, he doesn't.	~~Yes, she does.~~	No, she doesn't.	Yes, he does.

Does she have a tortoise?

Yes, she does.

1 Does she have a spider?

_____

2 Does he have a mouse?

_____

3 Does he have a rabbit?

_____

Ahora escucha y repite. 🔊

10.14 Escucha y marca las imágenes correctas.

A ☐    B ☑

1  A ☐    B ☐

2  A ☐    B ☐

3  A ☐    B ☐

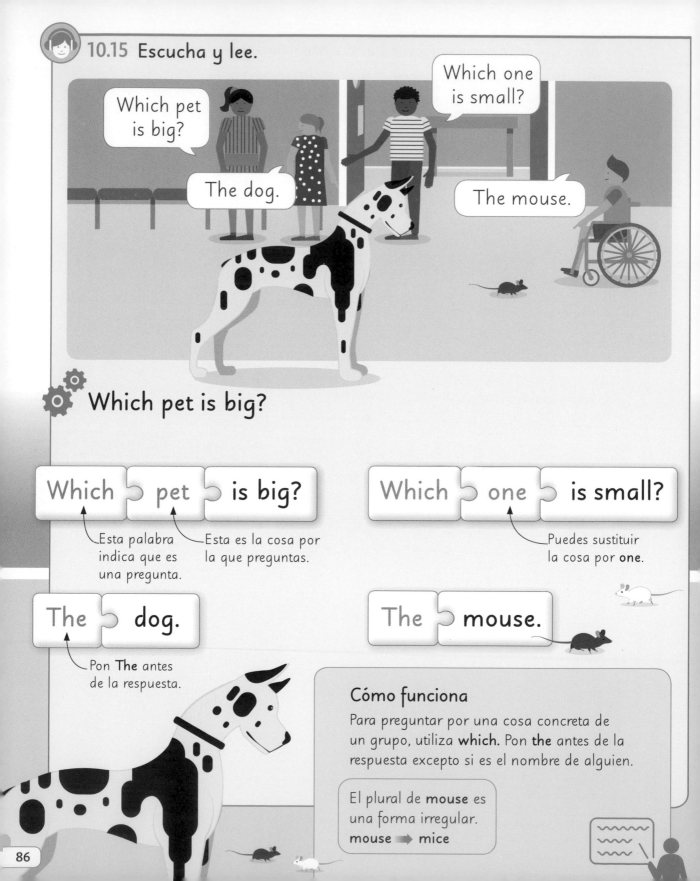

10.15 Escucha y lee.

Which pet is big?

The dog.

Which one is small?

The mouse.

Which pet is big?

Which | pet | is big?

Esta palabra indica que es una pregunta.

Esta es la cosa por la que preguntas.

Which | one | is small?

Puedes sustituir la cosa por **one**.

The | dog.

Pon **The** antes de la respuesta.

The | mouse.

Cómo funciona

Para preguntar por una cosa concreta de un grupo, utiliza **which**. Pon **the** antes de la respuesta excepto si es el nombre de alguien.

El plural de **mouse** es una forma irregular.
mouse ➡ mice

Mira las imágenes y escribe el nombre del perro correcto debajo de cada pregunta.

Ted

Rex

~~Fido~~

Bonzo

Lee

Meg

Which dog is young?

Fido

1 Which dog is big?

2 Which dog is scary?

3 Which dog is small?

4 Which dog is dirty?

5 Which dog is old?

Ahora escucha y repite. 🔊

I have a tortoise.
Do you have a pet?

And you?

11.1 Escucha, señala y repite.
11.2 ¿Quién tiene el pelo largo?

① hair
....

② nose
....

③ face

④ long hair
....

⑤ mouth
....

⑥ body
....

⑦ hand
....

⑧ arm
....

⑨ fingers
....

⑩ leg
....

⑪ toes
....

⑫ foot
....

⑬ feet
....

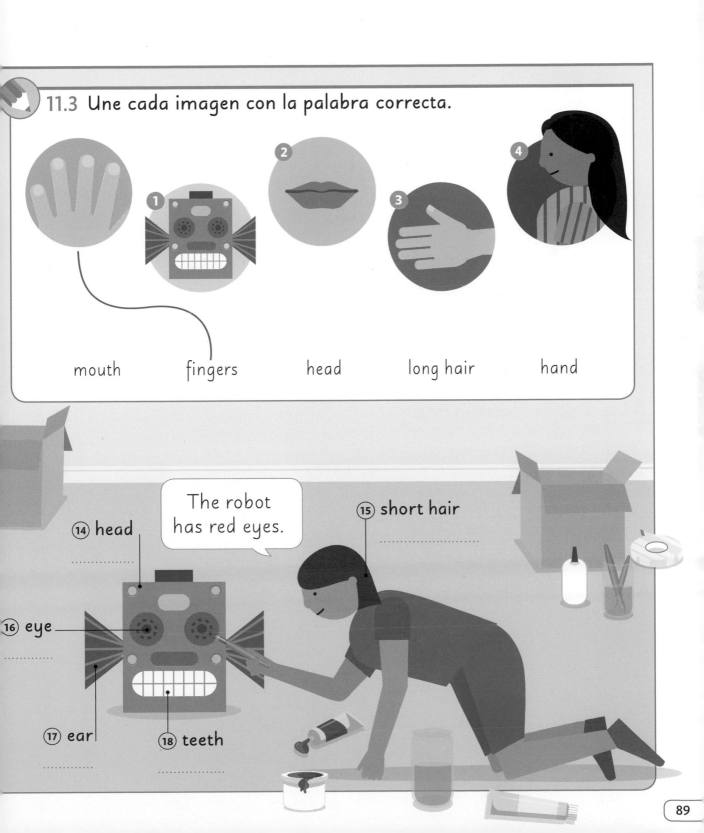

11.3 Une cada imagen con la palabra correcta.

mouth   fingers   head   long hair   hand

The robot has red eyes.

⑭ head

⑮ short hair

⑯ eye

⑰ ear   ⑱ teeth

11.4 Mira las imágenes y marca las palabras correctas.

nose ☐
foot ☑
hand ☐

1 arm ☐
head ☐
leg ☐

2 face ☐
fingers ☐
toes ☐

3 body ☐
eye ☐
mouth ☐

Ahora escucha y repite. 🔊

11.5 Mira las imágenes y escribe las palabras en su lugar.

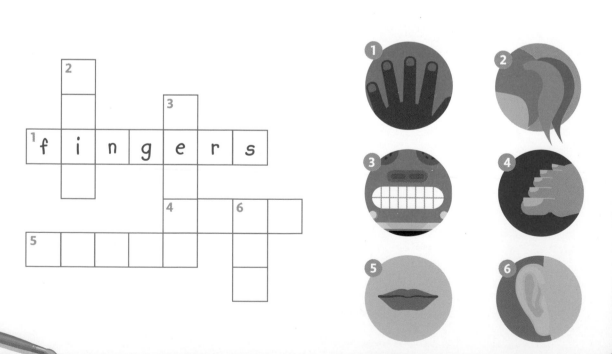

1 f i n g e r s

11.6 Mira las imágenes y pon las letras en el orden correcto.

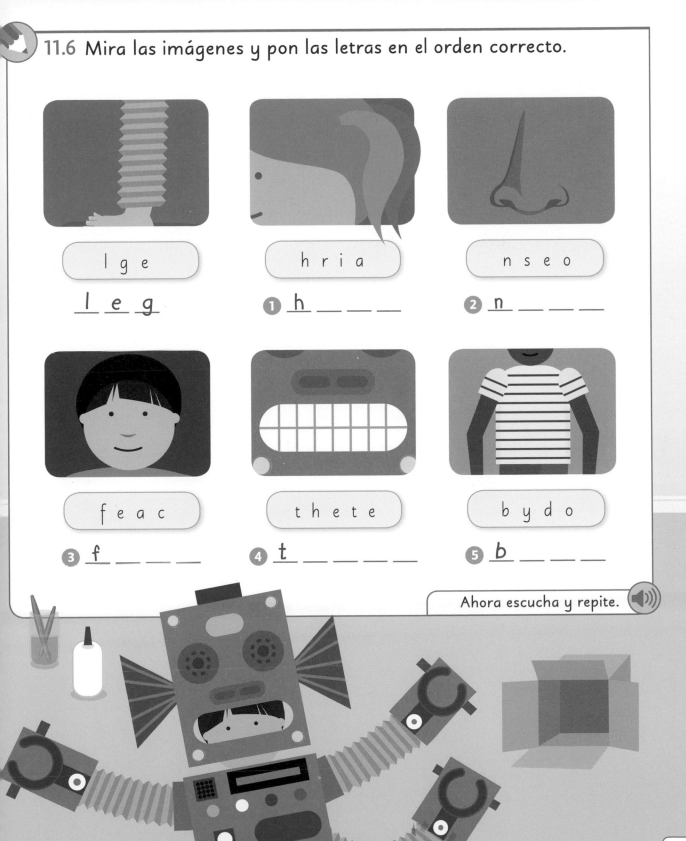

l g e

l e g

h r i a

① h _ _ _ _

n s e o

② n _ _ _ _

f e a c

③ f _ _ _ _

t h e t e

④ t _ _ _ _ _

b y d o

⑤ b _ _ _ _

Ahora escucha y repite.

91

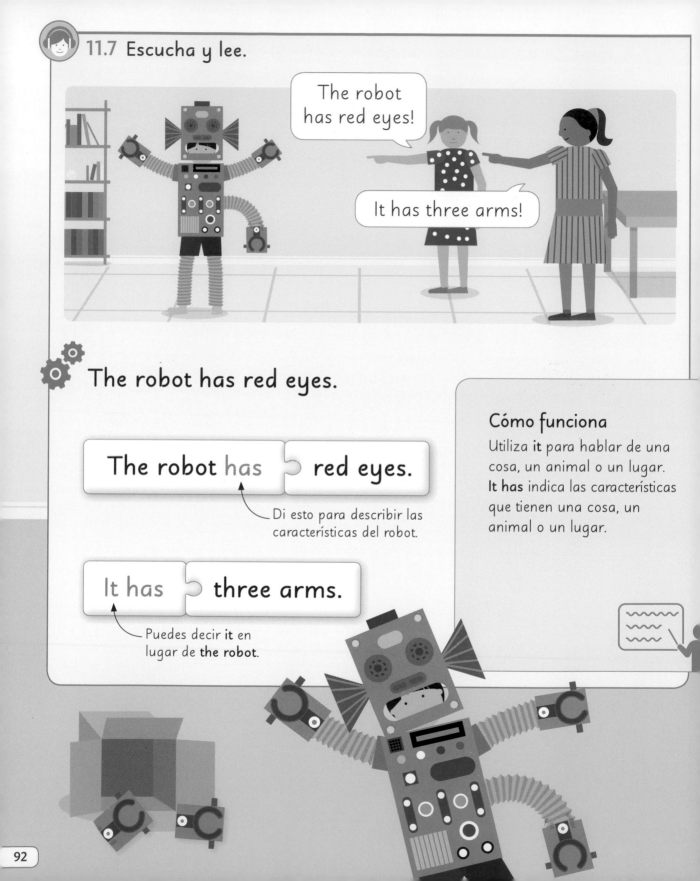

The robot has red eyes!

It has three arms!

The robot has red eyes.

The robot has ⟩ red eyes.

Di esto para describir las características del robot.

It has ⟩ three arms.

Puedes decir **it** en lugar de **the robot**.

Cómo funciona

Utiliza **it** para hablar de una cosa, un animal o un lugar. **It has** indica las características que tienen una cosa, un animal o un lugar.

11.8 Escucha y marca las imágenes correctas.

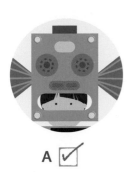 A ✓   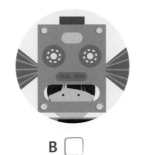 B ☐   ① A ☐   B ☐

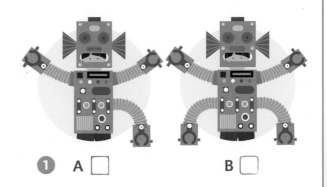

 ② A ☐    B ☐   ③ A ☐   B ☐

 ④ A ☐    B ☐   ⑤ A ☐   B ☐

 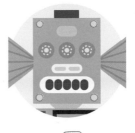

93

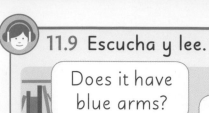

11.9 Escucha y lee.

Does it have blue arms?

Yes, it does!

Does it have green teeth?

No, it doesn't!

Does it have blue arms?

Does it have blue arms?

Di esto para preguntar qué características tiene una cosa, un animal o un lugar.

Yes, it does.

Puedes responder
Yes o Yes, it does.

No, it doesn't.

Puedes responder
No o No, it doesn't.

Cómo funciona

Para preguntar si una cosa, un animal o un lugar tienen algo, utiliza **Does it have** seguido de aquello que quieres saber.

Teeth es una forma irregular del plural.
tooth ➡ teeth

11.10 **Mira la imagen y marca las respuestas correctas.**

Does it have green teeth?

Yes, it does. ☐

No, it doesn't. ☑

❶ Does it have two ears?

Yes, it does. ☐

No, it doesn't. ☐

❷ Does it have purple eyes?

Yes, it does. ☐

No, it doesn't. ☐

❸ Does it have red teeth?

Yes, it does. ☐

No, it doesn't. ☐

❹ Does it have four legs?

Yes, it does. ☐

No, it doesn't. ☐

Ahora escucha y repite. 🔊

11.11 Escucha, señala y repite.

① touch   ② clap   ③ point   ④ wave   ⑤ move

....

11.12 Mira las imágenes y escribe la palabra correcta en cada espacio.

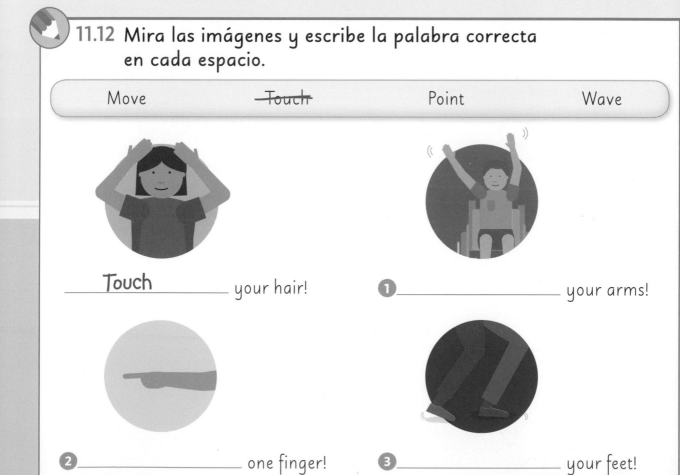

| Move | ~~Touch~~ | Point | Wave |

_____Touch_____ your hair!

❶ _____ your arms!

❷ _____ one finger!

❸ _____ your feet!

Ahora escucha y repite.

Clap your hands,
touch your nose,
move your feet,
point your toes!

Point one finger,
move your head,
wave your arms,
touch one leg!

12 Our town
Nuestra ciudad

12.1 Escucha, señala y repite.
12.2 Cuenta los coches.

12.3 Escribe la palabra correcta junto a cada imagen.

b o a t

1 _____

2 _____

3 _____

② airplane

① airport

③ street   ④ train

⑤ bike

⑥ zoo

⑧ bookstore

⑦ park

Where do you live?

I live next to the fire station.

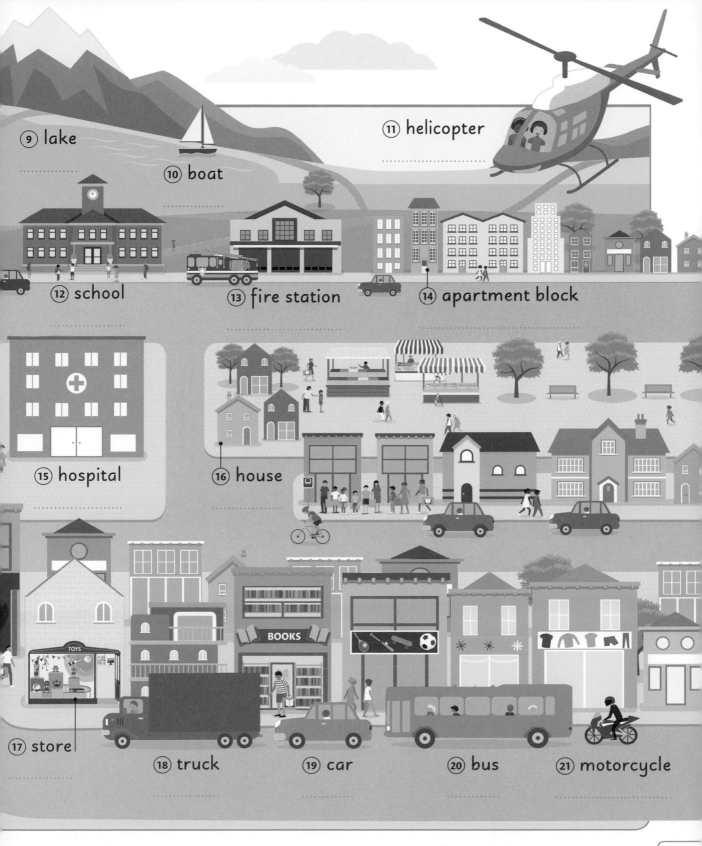

⑨ lake

⑩ boat

⑪ helicopter

⑫ school

⑬ fire station

⑭ apartment block

⑮ hospital

⑯ house

BOOKS

TOYS

⑰ store

⑱ truck

⑲ car

⑳ bus

㉑ motorcycle

12.4 Mira las imágenes y escribe las palabras en su lugar.

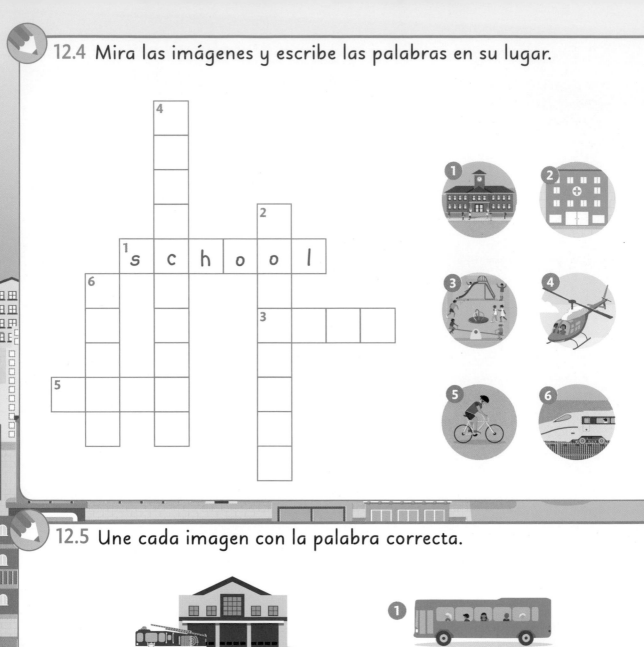

1. s c h o o l

12.5 Une cada imagen con la palabra correcta.

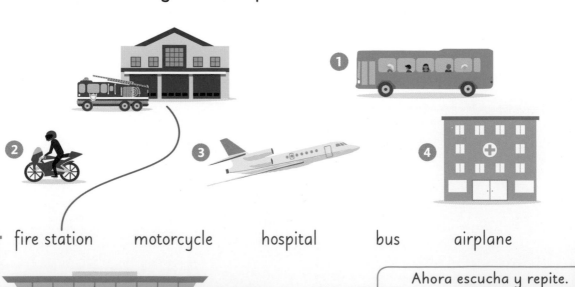

fire station   motorcycle   hospital   bus   airplane

Ahora escucha y repite.

12.6 Encuentra y señala las cinco palabras ocultas.

zoo

bus

~~train~~

street

lake

school

s t r e e t
c l p o b n
h t r a i n
o b u s k r
o l a k e e
l z k z o o o

12.7 Escucha y canta.

BOOKS

This is my town,
there's a park and a zoo.
There's an airport, a lake,
and a fire station, too.

This is my town,
there are cars and a school.
This is my town,
I love it, it's cool.

12.8 Escucha y lee.

In our town there's a park.

There are two bookstores.

There's a park.

There's | **a park.**

Utiliza **There's** para decir que hay algo en un lugar.

There are | **two bookstores.**

Utiliza **There are** para referirte a dos o más cosas.

Cómo funciona

Para decir que hay algo en un lugar, di **There's** seguido por **a** y el nombre de la cosa de la que hablas. Para referirte a dos o más cosas, di **There are** seguido por el número y por la forma del plural.

12.9 Mira las imágenes y señala las palabras correctas.

(There's) / There are a park.

1 There's / There are two trucks.

2 There's / There are a school.

3 There's / There are a zoo.

4 There's / There are four cars.

5 There's / There are three boats.

Ahora escucha y repite.

12.10 Escucha, señala y repite.

① **in front of**

② **behind**

③ **between**

④ **next to**

....

12.11 Escucha y lee.

Where's my bike?

It's in front of the store.

Where's my bike?

It's behind the store.

Where's my bike?

Where's **my bike?**

Where es la palabra con la que preguntas dónde está algo.

It's **behind** **the store.**

Las preposiciones, como behind, indican dónde está algo.

Cómo funciona

Para preguntar dónde está una cosa, di **Where's** seguido de esa cosa.

Para describir dónde está, di **It's** y añade una preposición y el lugar. Preposiciones como **next to** o **behind** describen el lugar en el que está algo.

Where is ➡ Where's

12.12 Mira las imágenes y escribe la palabra correcta en cada espacio.

between	~~in front of~~	next to	behind	in front of

Where's my bike?

 It's __in front of__ the store.

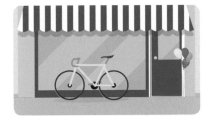

1 Where's your house?

 It's _____ the store.

2 Where's the bus?

 It's _____ the hospital.

3 Where's the fire station?

 It's _____ the school.

4 Where's the apartment block?

It's _____ the park and the store.

Ahora escucha y repite.

Where do you live?

Where do you live?

Di esto para preguntarle a alguien dónde vive.

Cómo funciona
Utiliza el verbo **to live** para decir dónde vives.

I live   next to   the school.

Di esto cuando quieras explicar dónde vives.

Utiliza una preposición para ser más preciso.

12.14 Escucha y marca las imágenes correctas.

A ✓   B ☐   **1** A ☐   B ☐

2 A ☐   B ☐   **3** A ☐   B ☐

Mi casa

13.1 Escucha, señala y repite.

13.2 ¿Qué habitación está junto al comedor?

13.3 Une cada imagen con las palabras correctas.

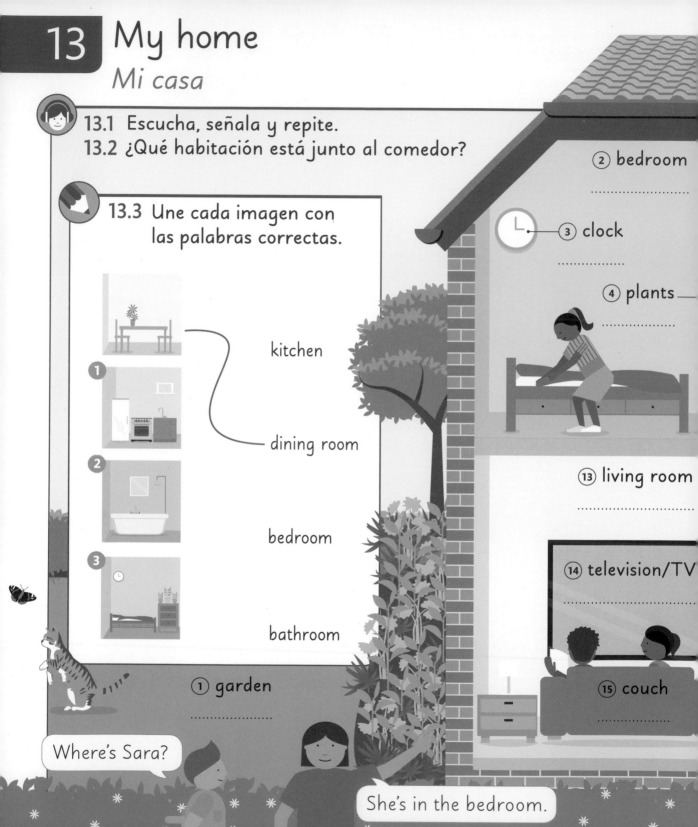

kitchen

1

dining room

2

bedroom

3

bathroom

② bedroom

③ clock

④ plants

⑬ living room

⑭ television/TV

① garden

⑮ couch

Where's Sara?

She's in the bedroom.

108

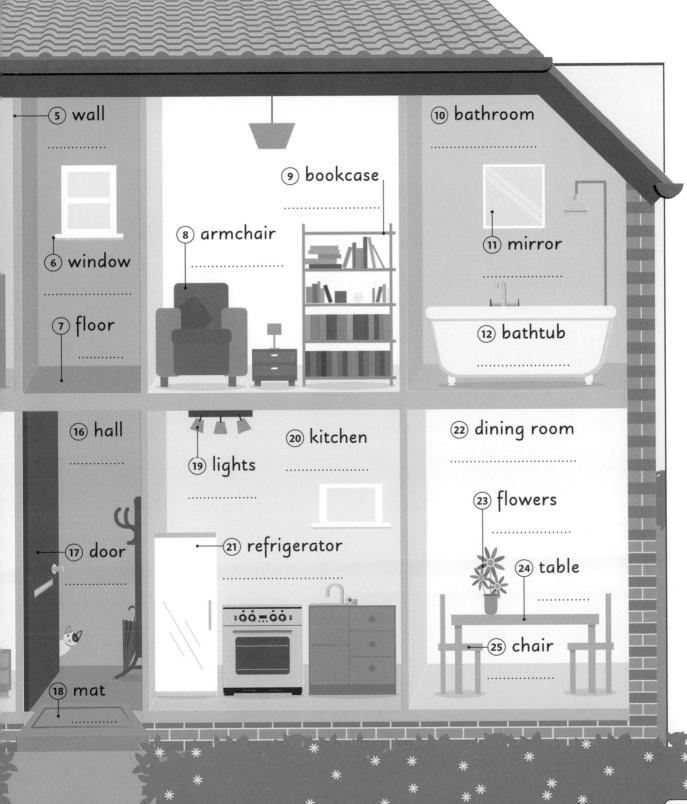

(5) wall

(6) window

(7) floor

(8) armchair

(9) bookcase

(10) bathroom

(11) mirror

(12) bathtub

(16) hall

(17) door

(18) mat

(19) lights

(20) kitchen

(21) refrigerator

(22) dining room

(23) flowers

(24) table

(25) chair

13.4 Mira las imágenes y escribe las respuestas correctas.

It's a television.   ~~It's an armchair.~~   It's a refrigerator.
It's a door.   It's a bookcase.   It's a couch.

What's this?

It's an armchair.

1 What's this?

2 What's this?

3 What's this?

4 What's this?

5 What's this?

Ahora escucha y repite. 🔊

13.5 Mira las imágenes y escribe las palabras correctas.

| ¹b | o | o | k | c | a | s | e |

13.6 Mira las imágenes y pon las letras en el orden correcto.

t b e l a

t a b l e

h l l a

1 h _ _ _ _

p t l a n s

2 p _ _ _ _ _ _

w n i w o d

3 w _ _ _ _ _ _

l g t s h i

4 l _ _ _ _ _ _

w l a l

5 w _ _ _

Ahora escucha y repite.

13.7 Escucha, señala y repite.

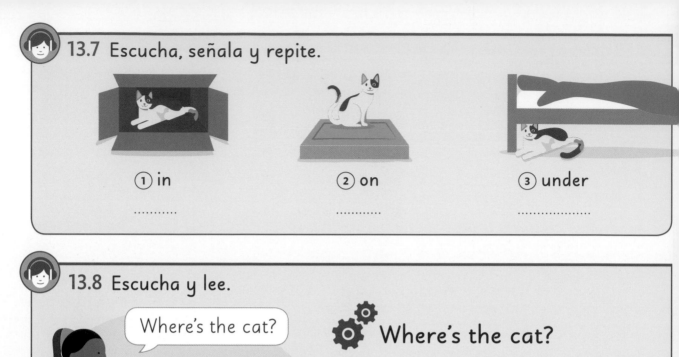

① in
....

② on
....

③ under
....

13.8 Escucha y lee.

Where's the cat?

It's under the table!

Where's the cat?

Where's | the cat?

It's | under | the table.

Esta palabra describe dónde está el gato.

Cómo funciona

Utiliza **Where's** para preguntar dónde está algo o alguien. Preposiciones como **in**, **on** y **under** describen el lugar donde están algo o alguien.

Where is ➡ Where's

13.9 Escucha y marca la imagen correcta.

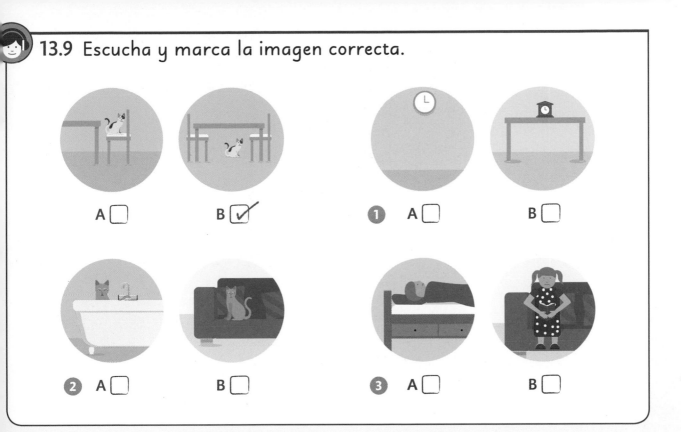

A ☐   B ☑

1   A ☐   B ☐

2   A ☐   B ☐

3   A ☐   B ☐

13.10 Escucha y canta. ♪

The TV's in ♪
the living room,
the mat is in the hall.

Where's the clock?
It's on my ♪
bedroom wall.

Is there a TV in the living room?

Is there a TV in the living room?

Is there — Con estas palabras preguntas si algo está presente.

a TV — Luego añades la cosa a la que te refieres.

in the living room? — También puedes mencionar un lugar en concreto.

Yes, there is. — Puedes responder Yes o Yes, there is.

No, there isn't. — Puedes responder No o No, there isn't.

Cómo funciona

Utiliza **Is there** para preguntar si algo está en un lugar. Pon **a** o **an** antes de la cosa por la que preguntas.

13.12 Mira la imagen y escribe las respuestas correctas.

Yes, there is.   No, there isn't.   ~~Yes, there is.~~
No, there isn't.   Yes, there is.   No, there isn't.

Is there a TV in the living room?

__Yes, there is.__

1 Is there a table in the kitchen?

_____

2 Is there a clock in the kitchen?

_____

3 Is there a bathtub in the bathroom?

_____

4 Is there a couch in the living room?

_____

5 Is there a bookcase in the bedroom?

_____

Ahora escucha y repite.

13.13 Escucha y lee.

Are there any flowers in the dining room?

Are there any	flowers	in the dining room?

Con estas palabras puedes preguntar por dos o más cosas.

Utilizamos **any** después de **Are there**.

Yes,	there are.

Si las cosas están, di **Yes** o **Yes, there are.**

No,	there aren't.

Si las cosas no están, di **No** o **No, there aren't.**

Cómo funciona

Utiliza **Are there** para preguntar si dos o más cosas están en un lugar. Al preguntar por dos o más cosas, en vez de **a** o **an**, utilizamos **any** seguido de la forma en plural de la cosa por la que preguntas.

13.14 Mira las imágenes y marca las respuestas correctas.

Are there any clocks?

Yes, there are. ☐

No, there aren't. ☑

1 Are there any plants?

Yes, there are. ☐

No, there aren't. ☐

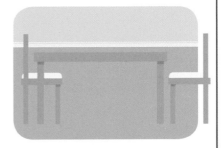

2 Are there any chairs?

Yes, there are. ☐

No, there aren't. ☐

3 Are there any windows?

Yes, there are. ☐

No, there aren't. ☐

4 Are there any beds?

Yes, there are. ☐

No, there aren't. ☐

5 Are there any lights?

Yes, there are. ☐

No, there aren't. ☐

Ahora escucha y repite.

Review: Where I live
Repaso: Dónde vivo

 14.1 Escucha y lee.

I'm Maria and this is my home. I live next to a park.

In my home, there's a dining room and a kitchen. There are two bedrooms. That is my bedroom. There's a clock and a toy box in my bedroom. My favorite toy is my teddy bear.

14.2 Escribe sobre tu casa
y dibuja tu habitación.

I'm _____ and this is my home.
I live _____
_____.

In my home, there's a _____ and
a _____. There are _____.
That is my bedroom. There's a _____
and a _____ in my bedroom.
My favorite toy is my _____.

On the farm
En la granja

① pig

② tractor

③ tree

④ sheep

⑤ barn

⑥ pond

⑦ duck

⑧ chicken

How many ducks are there?

There are five.

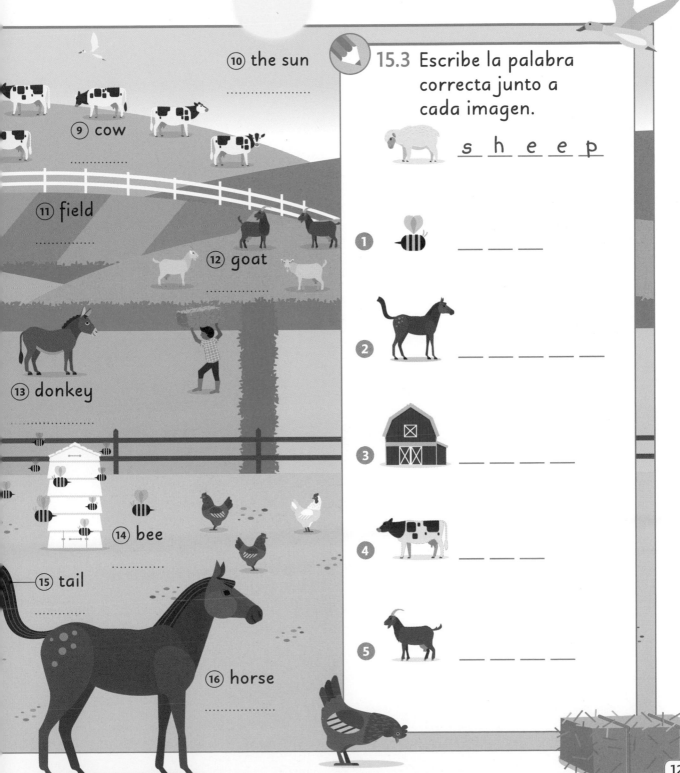

⑩ the sun

....

⑨ cow

....

⑪ field

....

⑫ goat

....

⑬ donkey

....

⑭ bee

....

⑮ tail

....

⑯ horse

....

15.3 Escribe la palabra
correcta junto a
cada imagen.

s h e e p

1

_ _ _

2

_ _ _ _ _

3

_ _ _ _

4

_ _ _

5

_ _ _ _

121

15.4 Une cada imagen con la palabra correcta.

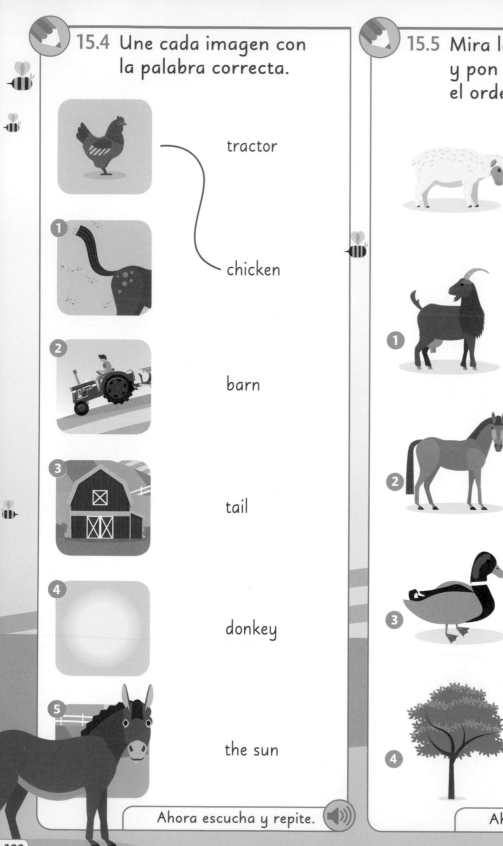

tractor

1

chicken

2

barn

3

tail

4

donkey

5

the sun

15.5 Mira las imágenes y pon las letras en el orden correcto.

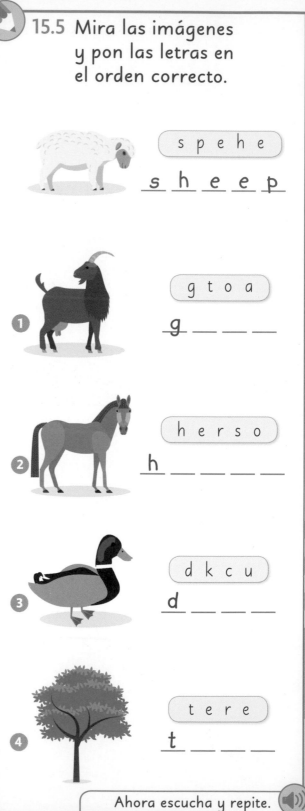

s p e h e

s h e e p

1   g t o a

g _ _ _

2   h e r s o

h _ _ _ _

3   d k c u

d _ _ _

4   t e r e

t _ _ _

15.6 Mira las imágenes y escribe cada palabra en su lugar.

| ¹c | h | i | c | k | e | n |

15.7 Escucha y lee.

How many horses are there?
There are two.

How many goats are there?
There's one.

How many horses are there?

| How many | horses | are there? |

Para preguntar cuántas personas, animales o cosas hay, di **How many**.

Añade **are there** al final de la pregunta.

| There are | two. | | There's | one. |

Di esto cuando haya dos o más cosas.

Di esto cuando solo haya una cosa.

Cómo funciona

Utiliza **How many** para preguntar cuántas personas, animales o cosas hay. Añade la forma de plural de la cosa por la que preguntas seguida de **are there**.

15.8 Mira las imágenes y escribe las respuestas correctas.

There's one.   There are four.   ~~There are two.~~   There are three.

How many horses are there?

There are two.

1 How many ducks are there?

2 How many goats are there?

3 How many donkeys are there?

Ahora escucha y repite.

Where are the ducks?

They're in the pond.

Where are the ducks?

Where · are · the ducks?

Di **are** si preguntas por dos o más cosas.

They're · in · the pond.

Para responder, comienza con **They're**.

A continuación añade una preposición, como **in** o **on**, seguida del lugar.

Cómo funciona
Para preguntar dónde están dos o más cosas, di **Where are** y añade la cosa por la que preguntas en su forma plural. A menudo ponemos **the** delante del nombre.

15.10 Escucha y une cada pregunta con su respuesta correcta.

Where are the ducks?   They're in front of the barn.

1 Where are the horses?   They're in the field.

2 Where are the chickens?   They're in the barn.

3 Where are the goats?   They're in the pond.

4 Where are the donkeys?   They're next to the pond.

5 Where are the pigs?   They're under the tree.

15.11 Escucha y canta.

Where are the ducks?
They're in the pond!

Where are the goats?
They're in the field!

Where are the cows?
They're in the barn!

Where are the animals?
They're on my farm!

The goat's next to the tree.

Look! The cows are in the field.

The goat's next to the tree.

The goat's	next to	the tree.

Di el nombre del animal o la cosa seguido de **is** o **'s**.

Añade una preposición, como **next to** o **under**, y el lugar.

The cows	are	in	the field.

Si hablas de dos o más cosas, utiliza **are**.

Cómo funciona

Para describir dónde está algo, comienza diciendo su nombre seguido de **is**, **'s** o **are**. Luego añade una preposición y el lugar.

The goat is ➡ The goat's

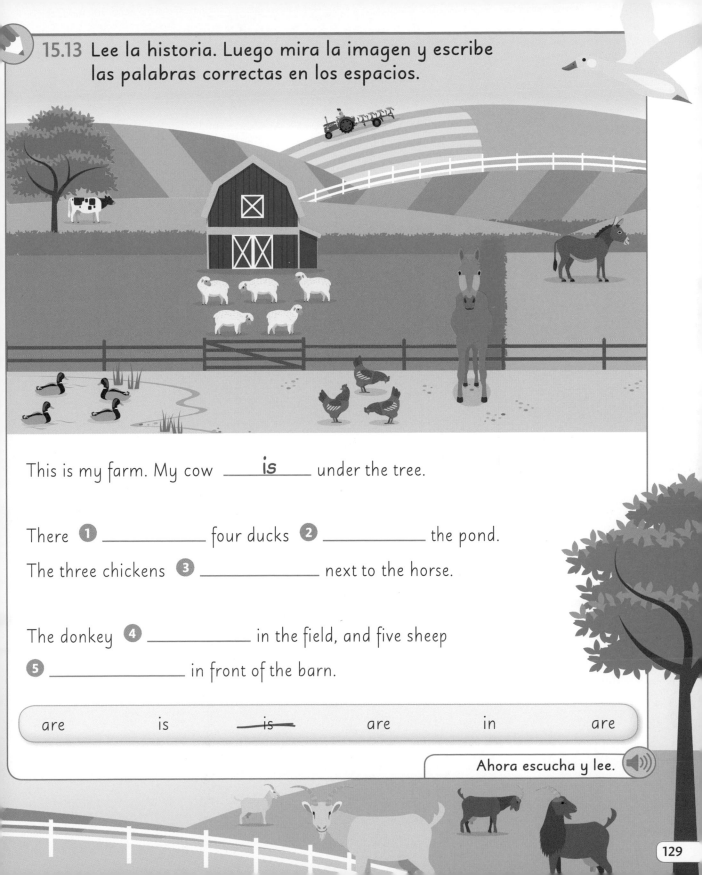

15.13 Lee la historia. Luego mira la imagen y escribe las palabras correctas en los espacios.

This is my farm. My cow ____is____ under the tree.

There ❶ _____ four ducks ❷ _____ the pond.

The three chickens ❸ _____ next to the horse.

The donkey ❹ _____ in the field, and five sheep

❺ _____ in front of the barn.

| are | is | ~~is~~ | are | in | are |

Ahora escucha y lee. 🔊

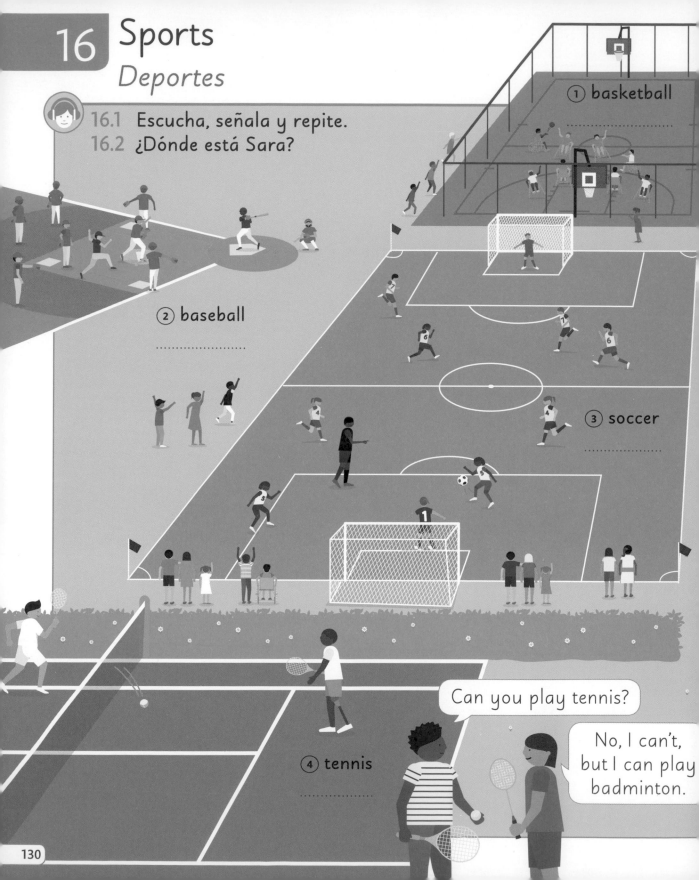

16 Sports
Deportes

① basketball

② baseball

③ soccer

④ tennis

Can you play tennis?

No, I can't, but I can play badminton.

130

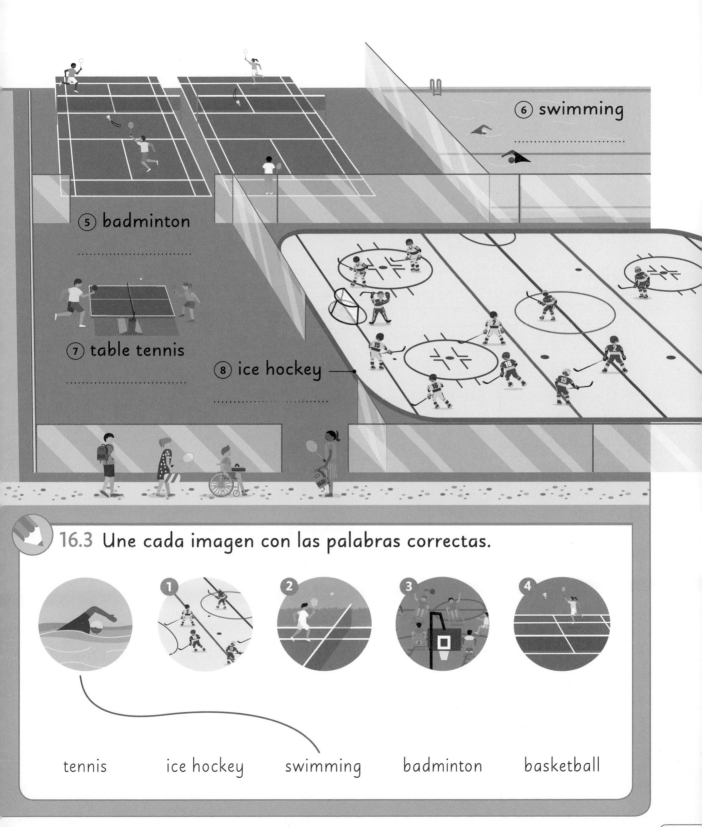

⑥ swimming

⑤ badminton

⑦ table tennis

⑧ ice hockey

16.3 Une cada imagen con las palabras correctas.

tennis   ice hockey   swimming   badminton   basketball

16.4 Mira las imágenes y marca las palabras correctas.

badminton ☐
ice hockey ☑
tennis ☐

1

table tennis ☐
badminton ☐
swimming ☐

2

baseball ☐
soccer ☐
basketball ☐

3

tennis ☐
baseball ☐
swimming ☐

Ahora escucha y repite. 🔊

16.5 Mira las imágenes y señala las palabras correctas.

(basketball) / swimming   **1** tennis / ice hockey   **2** badminton / baseball

3 soccer / swimming   **4** table tennis / soccer

Ahora escucha y repite. 🔊

16.6 Escucha, señala y repite.

① run
....

② jump
....

③ swim
....

④ play tennis
....

⑤ play ice hockey
....

⑥ catch
....

⑦ bounce
....

⑧ kick
....

⑨ throw
....

⑩ hit
....

16.7 Escucha y marca las imágenes correctas.

A ☐   B ☑   ① A ☐   B ☐

② A ☐   B ☐   ③ A ☐   B ☐

 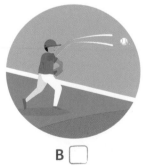  

④ A ☐   B ☐   ⑤ A ☐   B ☐

Mira las imágenes y pon las letras en el orden correcto.

j p m u

j u m p

c c h t a

1 c _ _ _ _ _

s m i w

2 s _ _ _

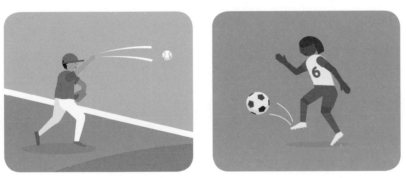

t o w r h

3 t _ _ _ _ _

k k c i

4 k _ _ _

b c n o u e

5 b _ _ _ _ _ _

Ahora escucha y repite.

I can play basketball.

I can't play baseball.

I can play basketball.

| I | can | play basketball. |

Utiliza **can** si sabes hacer algo.

| I | can't | play baseball. |

Utiliza **can't** si no sabes hacer algo.

Cómo funciona

Can es un verbo modal que se utiliza para hablar de cosas que sabemos hacer. La forma negativa es **can't**.

Cannot ➡ Can't

16.10 Escucha y marca las frases correctas.

I can play baseball. ☐
I can't play baseball. ☑

 **1**

I can catch a ball. ☐
I can't catch a ball. ☐

 **2**

I can play ice hockey. ☐
I can't play ice hockey. ☐

 **3**

I can hit a ball. ☐
I can't hit a ball. ☐

 **4**

I can swim. ☐
I can't swim. ☐

 **5**

I can play table tennis. ☐
I can't play table tennis. ☐

16.11 Escucha y lee.

Can you catch a ball?

Can you | **catch a ball?**

Se utiliza **Can you** para preguntar
a alguien si sabe hacer algo.

Yes, | **I can.**

Si sabes hacerlo,
di **Yes** o **Yes, I can.**

No, | **I can't.**

Si no sabes hacerlo,
di **No** o **No, I can't.**

Cómo funciona

Para preguntar con **can**,
di primero **Can you** y
añade entonces el verbo
de lo que quieres que la
persona te diga.

16.12 Mira las imágenes y escribe las palabras correctas en cada espacio.

Can you   ~~ice hockey~~   I can.   I can't.

Can you play __ice hockey__ ?

No, I can't.

1 Can you play soccer?

Yes, _____

2 _____ play baseball?

Yes, I can.

3 Can you play basketball?

No, _____

Ahora escucha y repite.

Can Maria play tennis?

Yes, she can.

Can Andy play tennis?

No, he can't.

Can she play tennis?

Se utiliza **Can she** o **Can he** para preguntar a alguien si otra persona sabe hacer algo.

she

Can

play tennis?

he

Yes, she can.

Si la persona sabe, di **Yes** o **Yes, she can.**

No, he can't.

Si la persona no sabe, di **No** o **No, he can't.**

Cómo funciona

Para preguntar si otra persona sabe hacer algo, di **Can**, seguido de **she** o **he**. Para responder, di **Yes, she can** o **No, he can't**. No hay que añadir una **s** a **can** después de **she** o **he**.

16.14 Escucha y escribe las respuestas correctas.

No, she can't.   ~~No, he can't.~~

Yes, she can.   Yes, he can.

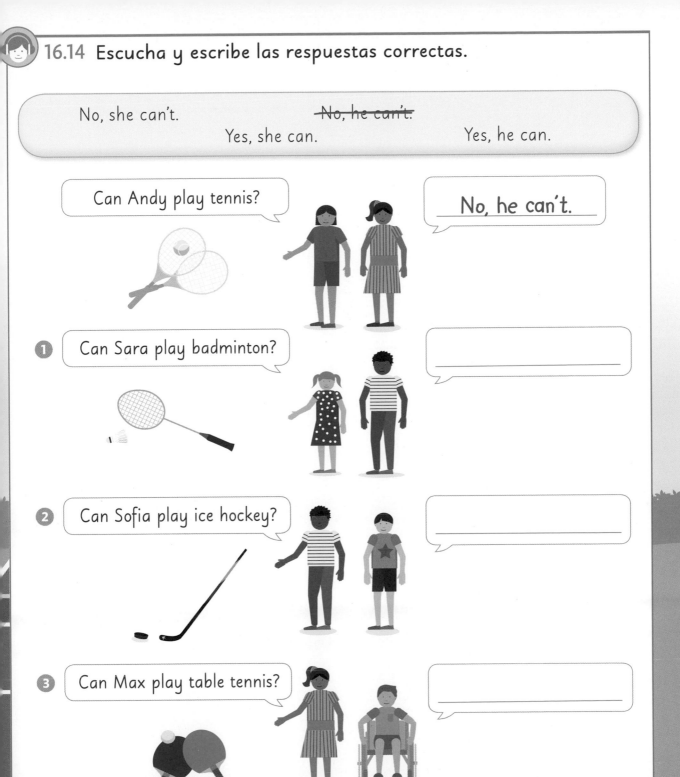

Can Andy play tennis?

No, he can't.

1 Can Sara play badminton?

2 Can Sofia play ice hockey?

3 Can Max play table tennis?

17 At the food market
En el mercado

17.1 Escucha, señala y repite.
17.2 ¿Puedes encontrar a Max?

1. grapes
2. lemons
3. bananas
4. limes
5. kiwis
6. mangoes
7. pineapples
8. tomatoe
10. apples
11. pears
12. oranges
13. watermelons
14. coconu

May I have some pears, please?

Here you are.

19. fruit

onions

16 potatoes

carrots

17 meat

18 fish

20 vegetables

17.3 Escribe la palabra correcta junto a cada imagen.

f i s h

1 _ _ _ _ _

2 _ _ _ _ _ _

3 _ _ _ _

4 _ _ _ _ _ _

5 _ _ _ _ _

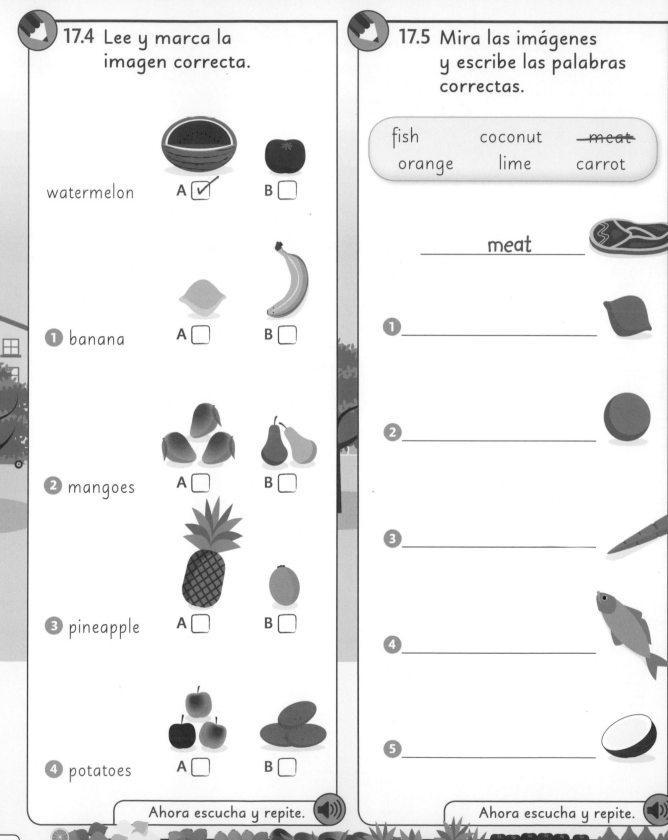

17.4 Lee y marca la imagen correcta.

watermelon   A ☑   B ☐

1 banana   A ☐   B ☐

2 mangoes   A ☐   B ☐

3 pineapple   A ☐   B ☐

4 potatoes   A ☐   B ☐

Ahora escucha y repite.

17.5 Mira las imágenes y escribe las palabras correctas.

fish   coconut   ~~meat~~
orange   lime   carrot

_____ meat _____

1 _____

2 _____

3 _____

4 _____

5 _____

Ahora escucha y repite.

17.6 Escucha y colorea las imágenes.

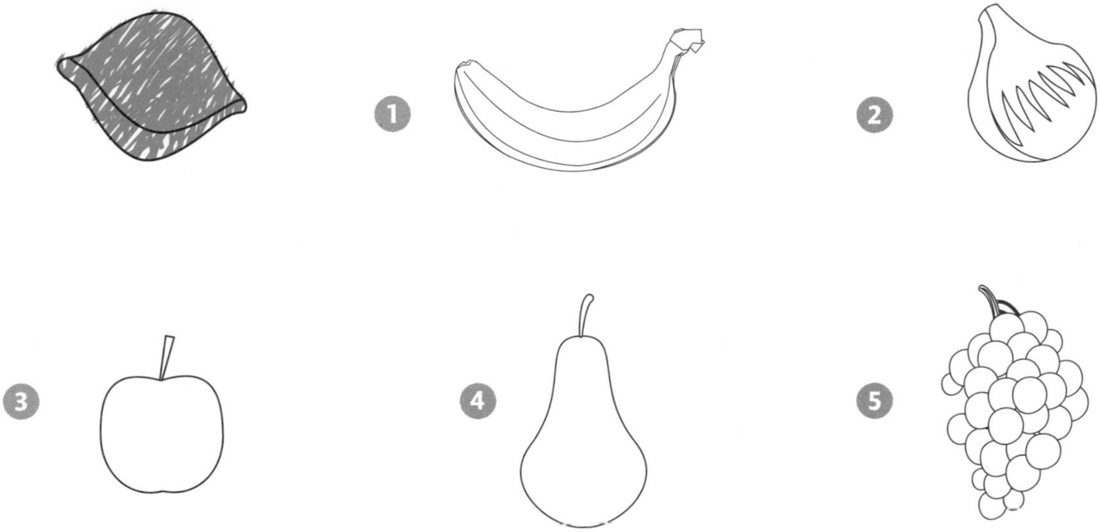

1

2

3

4

5

17.7 Escucha y canta.

Apples and oranges,
pears and mangoes, too.
Here are nice potatoes,
and meat and fish for you.

I like oranges and pears.

I like   **oranges**   **and**   **pears.**

Para hablar de cosas que te gustan, utiliza **like**.

Utiliza **and** para hablar de dos o más cosas.

I don't like   **bananas**   **or**   **watermelons.**

Para hacer la frase negativa, pon **don't** antes de **like**.

Utiliza **or** al hablar de dos o más cosas en una frase negativa.

Cómo funciona

I like es una muestra de la forma **present simple** del verbo **to like**. Añade **don't** antes de **like** para hacer la frase negativa. **And** y **or** son conjunciones. Utiliza **and** en frases positivas y **or** en frases negativas.

17.9 Escucha lo que dice Andy y señala las palabras correctas.

I like / don't like oranges and pears.

1 I like / don't like watermelons.

2 I like / don't like apples.

3 I like / don't like lemons and limes.

4 I like / don't like carrots or onions.

5 I like / don't like tomatoes.

17.10 Escucha y lee.

Do you like apples, Ben?

Yes, I do.

Do you like tomatoes, Sofia?

No, I don't.

Do you like apples?

Do you — like — apples?

Di esto para preguntarle a alguien si algo le gusta.

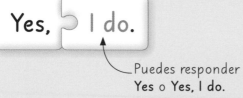

Yes, I do.

Puedes responder **Yes** o **Yes, I do.**

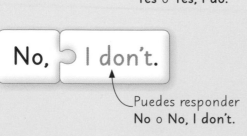

No, I don't.

Puedes responder **No** o **No, I don't.**

Cómo funciona

Para hacer una pregunta en **present simple**, pon **Do you** antes del verbo.

El plural de algunas palabras se hace de forma distinta a la habitual. Si el nombre de la fruta o la verdura termina con **o**, añade **es** al singular en lugar de solamente una **s**.

Tomato ➡ Tomatoes
Potato ➡ Potatoes
Mango ➡ Mangoes

17.11 Mira las imágenes y escribe la palabra correcta en cada espacio.

I don't. ~~Do you~~ I do. like

Do you like apples?

Yes, I do.

1 Do you like carrots?

No, _____

2 Do you like grapes?

Yes, _____

3 Do you _____ mangoes?

Yes, I do.

Ahora escucha y repite.

May I have a mango, please?

Here you are!

May I have some kiwis, please?

May I have a mango, please?

May I have | a | mango, please?

Di esto para pedirle a alguien que te dé algo.

Utiliza **a** o **an** si pides una sola cosa.

May I have | some | kiwis, please?

Utiliza **some** si pides dos o más cosas.

Cómo funciona

May I have es la pregunta que se hace para pedir algo.

A, an y **some** son artículos indefinidos. Utilízalos si no quieres hablar de una cosa concreta. Pon **a** o **an** delante de sustantivos en singular y **some** delante de sustantivos en plural.

17.13 Mira las imágenes y escribe las palabras correctas en los espacios.

an	~~some~~	a	some

May I have ___some___ kiwis, please?

1 May I have _____ banana, please?

2 May I have _____ orange, please?

3 May I have _____ vegetables, please?

Ahora escucha y repite. 🔊

18 At the toy store
En la juguetería

18.1 Escucha, señala y repite.
18.2 ¿Cuántas estrellas hay?

18.3 Une cada imagen con las palabras correctas.

the moon

video game

robot

puppet

1

2

3

① alien

② puppet

③ teddy bear

④ action figure

⑤ ball

⑥ doll

⑦ monster

⑧ car

TOYS

⑨ rocket

⑩ the moon

....

⑪ stars

....

⑬ balloons

....

⑫ robot

....

> It's Ben's birthday.

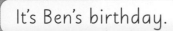

⑭ train

....

> Let's give him a robot.

⑮ video game

....

⑯ board game

....

18.4 Mira las imágenes y marca la opción correcta.

teddy bear ☑
robot ☐
train ☐

1
board game ☐
monster ☐
video game ☐

2
the moon ☐
puppet ☐
car ☐

3
action figure ☐
ball ☐
rocket ☐

4

Ahora escucha y repite.

18.5 Escribe la palabra correcta junto a cada imagen.

rocket   the moon   alien   robot

t h e   m o o n

1 _ _ _ _ _ _ _

2 _ _ _ _ _ _ _

3 _ _ _ _ _ _

Ahora escucha y repite.

154

18.6 Mira las imágenes y escribe la palabra correcta en cada espacio.

stars   ~~puppets~~   monster   action figure

What are those?

They're __puppets__ .

1 What's that?

It's a _____ .

2 What are those?

They're _____ .

3 What's that?

It's an _____ .

Ahora escucha y repite.

18.7 Escucha y lee.

Sofia likes cars.

Sofia likes cars.

Sofia

She

likes cars.

Después de **he, she** o del nombre de alguien, añade una **s** al final de **like**.

Ben doesn't like board games.

Ben

He

doesn't like board games.

Para hacer una frase negativa, pon **doesn't** antes de **like**.

Cómo funciona

She likes y **He doesn't like** son dos formas del **present simple** del verbo **to like**. En frases positivas con **he, she** o el nombre de alguien, añade una **s** al final de **like**.

Para hacer la frase negativa, añade **doesn't** delante de **like** y no le añadas una **s**.

18.8 Mira las imágenes y escribe las palabras correctas en los espacios.

| rockets | ~~cars~~ | trains | video games |

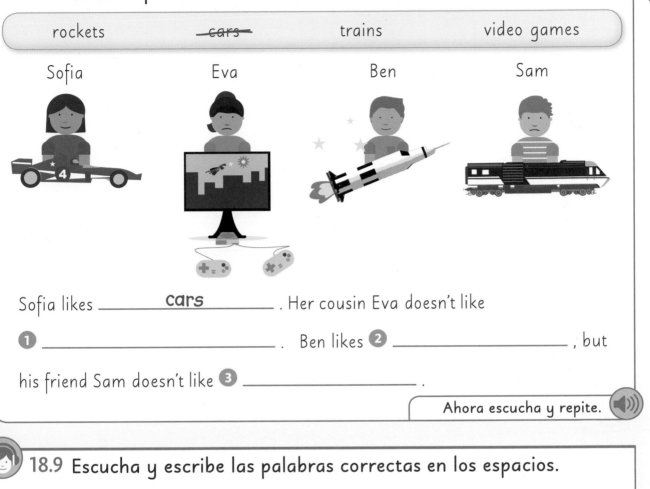

Sofia likes _____cars_____ . Her cousin Eva doesn't like

1 _____ . Ben likes **2** _____ , but

his friend Sam doesn't like **3** _____ .

Ahora escucha y repite.

18.9 Escucha y escribe las palabras correctas en los espacios.

| likes | doesn't like | ~~likes~~ | doesn't like |

Alice _____likes_____ robots.

1 Hugo _____ puppets.

2 Lucy _____ dolls.

3 Emma _____ monsters.

157

18.10 Escucha y lee.

Does he like trains?

Does he ⊃ **like** ⊃ **trains?**

Para preguntar, pon **Does** antes de **he**, **she** o el nombre de alguien.

Luego añade **like**. No añadas una **s** al verbo si haces una pregunta.

Yes, ⊃ **he does.**

Responde **Yes** o **Yes, he does.**

No, ⊃ **he doesn't.**

Responde **No** o **No, he doesn't.**

Cómo funciona

Para hacer una pregunta con **he** o **she**, comienza con **Does**, no **Do**. No añadas una **s** a **like**.

18.11 Escucha y marca las respuestas correctas.

Does he like robots?

Yes, he does. ✓
No, he doesn't. ☐

1 Does she like dolls?

Yes, she does. ☐
No, she doesn't. ☐

2 Does he like video games?

Yes, he does. ☐
No, he doesn't. ☐

3 Does she like monsters?

Yes, she does. ☐
No, she doesn't. ☐

4 Does he like action figures?

Yes, he does. ☐
No, he doesn't. ☐

5 Does she like balloons?

Yes, she does. ☐
No, she doesn't. ☐

18.12 Aquí hay cuatro frases. Marca el principio y el final de cada una y escríbelas debajo.

Doesheliketrains? / No,hedoesn't.Doesshelikedolls?Yes,shedoes.

<u>Does he like trains?</u>

1 _____

2 _____

3 _____

Ahora escucha y repite.

18.13 Escucha y lee.

I love puppets.

I love puppets.

Me too!

I don't.

I love | puppets.

I **love** es una forma más intensa de decir I **like**.

Me too!

Di esto si sientes lo mismo que Sara.

I don't.

Di esto si no sientes lo mismo que Sara.

18.14 Escucha y canta.

Maria likes dolls,
but she doesn't like puppets.
Andy likes cars,
but he doesn't like rockets.
I like trains and video games,
and my favorite toy
is my monster!

18.15 Ben habla con Sofia. Escucha y escribe las respuestas correctas en los espacios.

Me too!   I don't.   ~~Me too!~~   I don't.

I like monsters.

Me too!

1   I love teddy bears.

2   I love action figures.

3   I like board games.

19 Our hobbies
Nuestras aficiones

19.1 Escucha, señala y repite.
19.2 ¿Dónde está Sofia?

19.3 Une las imágenes con las palabras correctas.

dance

read

draw pictures

take photos

sing

① ride a bike

② watch soccer

③ skateboard

④ draw pictures

⑤ paint

I enjoy painting.

Me too. It's fun!

6 read

7 sing

8 dance

9 play the guitar

10 play the piano

11 take photos

163

19.4 Escucha y marca las imágenes correctas.

A ☐   B ☑

1 A ☐   B ☐

2 A ☐   B ☐

3 A ☐   B ☐

4 A ☐   B ☐

5 A ☐   B ☐

19.5 Mira las imágenes y escribe la expresión correcta en el espacio.

paint   ~~play the guitar~~   play the piano
sing   ride a bike   take photos

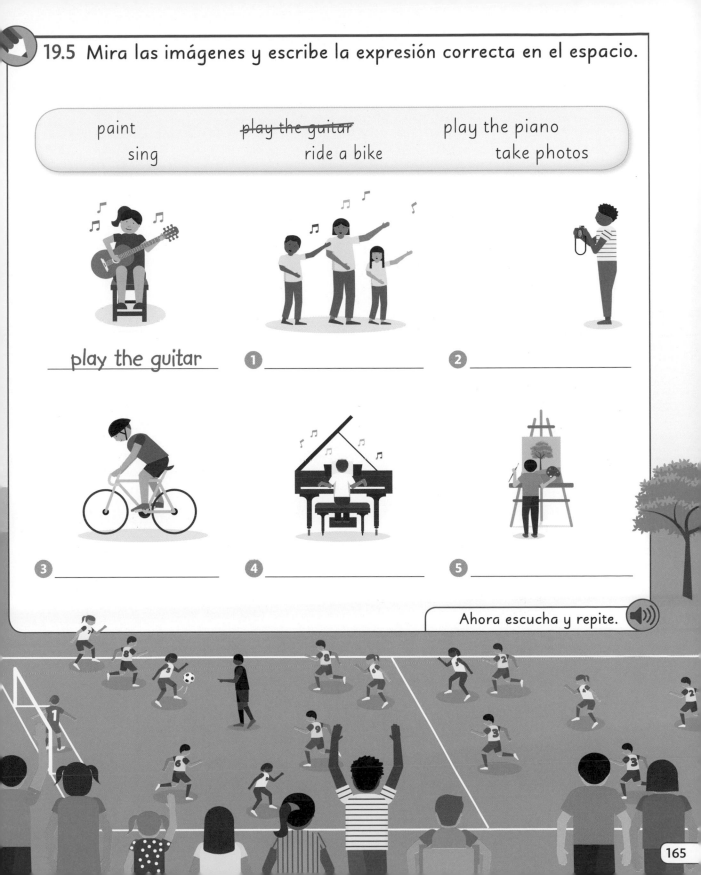

play the guitar

1 _____

2 _____

3 _____

4 _____

5 _____

Ahora escucha y repite.

I like playing the piano.

I like playing the piano.

I like | playing the piano.

Añade **ing** al verbo que va después de **like**.

I enjoy dancing.

I enjoy | dancing.

También puedes utilizar **I enjoy** para decir que te gusta hacer una actividad.

I don't like painting.

I don't like | painting.

Para hacer una frase negativa, añade **don't** antes de **like**.

Cómo funciona

Para decir si una actividad te gusta o no, utiliza **I like** o **I don't like** seguido del verbo terminado en **ing**.

Si el verbo termina en **e**, como **dance**, elimina la **e** y añade **ing**.

19.7 Escucha y une cada nombre con la imagen correcta.

Sofia   ① James   ② Kim   ③ Bill   ④ Tom

drawing

painting

reading

singing

watching soccer

19.8 Vuelve a escribir las frases en el orden correcto.

don't   reading.   like   I

I don't like reading.

① enjoy   I   taking photos.

_____

② riding a bike.   like   I   don't

_____

③ I   watching soccer.   like

Ahora escucha y repite.

19.9 Escucha y lee.

Do you like singing?

Do you like	singing?

Para preguntar a alguien si le gusta una actividad, pon **Do you** antes de **like**.

Luego añade **ing** al verbo.

Yes,	I do.

Puedes responder **Yes** o **Yes, I do**.

No,	I don't.

Puedes responder **No** o **No, I don't**.

Cómo funciona

Para preguntar a alguien si le gusta una actividad, comienza con **Do you like** y añade **ing** al verbo.

168

19.10 Andy y Sofia conversan. Escucha y marca las respuestas correctas.

Do you like singing?

Yes, I do. ✓

No, I don't. ☐

1 Do you like playing the guitar?

Yes, I do. ☐

No, I don't. ☐

2 Do you like dancing?

Yes, I do. ☐

No, I don't. ☐

3 Do you like painting?

Yes, I do. ☐

No, I don't. ☐

4 Do you like riding a bike?

Yes, I do. ☐

No, I don't. ☐

19.11 Escucha y canta.

Do you have hobbies?
Yes, I do.
I love reading books
and skateboarding, too.

Do you like playing tennis?
Yes, I do.
I love playing tennis
and playing soccer, too.

Do you enjoy singing?
Yes, I do.
I love singing songs,
and I love dancing, too.

Review: What I like
Repaso: Lo que me gusta

 20.1 Escucha y lee.

My name's Sofia. I like skateboarding and trains. I don't like painting. I can play tennis and swim. I can't play the piano.
I like mangoes, but I don't like apples.

My friend Max likes cars. He doesn't like board games. He likes oranges, but he doesn't like bananas.

20.2 Escribe sobre las cosas que les gustan a ti y a tu mejor amigo o amiga.

My name's _____

I like _____ and _____.

I don't like _____ . I can _____

and _____ . I can't _____.

I like _____ , but I don't like _____.

My friend likes _____.

My friend doesn't like _____.

Our party clothes
Nuestra ropa de fiesta

21.1 Escucha, señala y repite.
21.2 ¿De qué color es el saco de Sara?

1 watch

2 sock

3 skirt

4 shorts

5 pants

6 T-shirt

Happy birthday, Ben!

Thank you, Maria!

7 hat

8 dress

9 purse

21.3 Escribe la palabra correcta junto a cada imagen.

<u>s</u> <u>h</u> <u>i</u> <u>r</u> <u>t</u>

❶ _ _ _

❷ _ _ _ _ _ _

❸ _ _ _

⑩ baseball cap

⑪ jeans

⑫ shoe

⑬ boot

⑭ glasses

⑮ shirt

⑯ bag

⑰ jacket

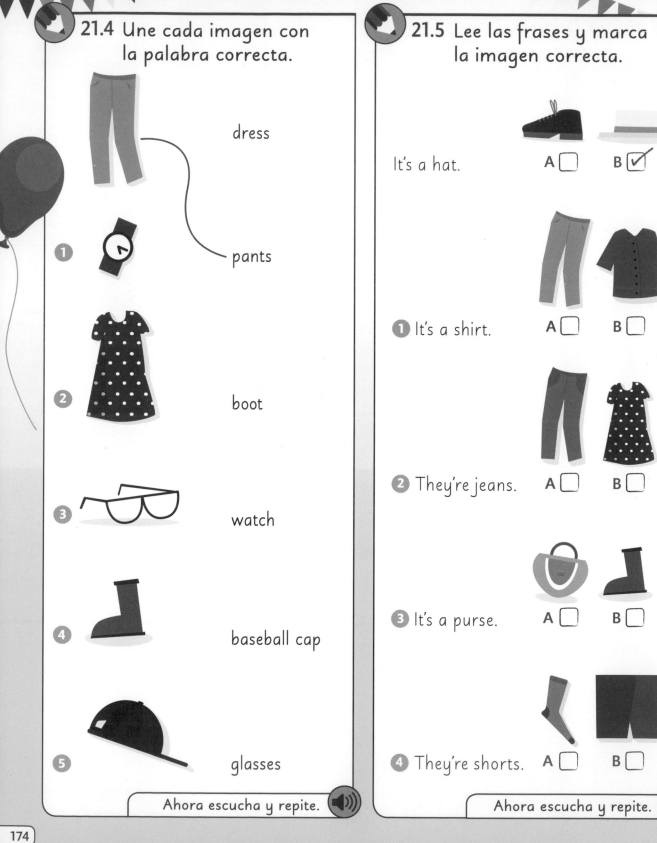

21.4 Une cada imagen con la palabra correcta.

dress

1 pants

2 boot

3 watch

4 baseball cap

5 glasses

Ahora escucha y repite.

21.5 Lee las frases y marca la imagen correcta.

It's a hat.   A ☐   B ☑

1 It's a shirt.   A ☐   B ☐

2 They're jeans.   A ☐   B ☐

3 It's a purse.   A ☐   B ☐

4 They're shorts.   A ☐   B ☐

Ahora escucha y repite.

21.6 Mira las imágenes y escribe las respuestas correctas.

It's a watch.   It's a sock.   ~~It's a skirt.~~
    It's a T-shirt.   It's a jacket.   It's a shoe.

What's this?
It's a skirt.

1 What's this?

2 What's this?
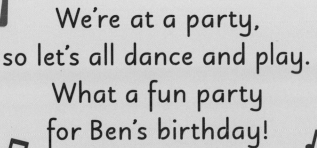

3 What's this?

4 What's this?

5 What's this?
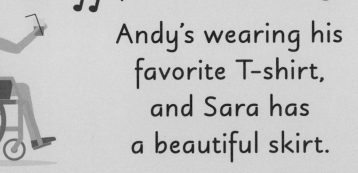

Ahora escucha y repite.

21.7 Escucha y canta. 🎵

We're at a party,
so let's all dance and play.
What a fun party
for Ben's birthday!

Andy's wearing his
favorite T-shirt,
and Sara has
a beautiful skirt.

21.8 Escucha y lee.

> It's my party!
> I'm wearing a hat.

> I'm wearing shorts.

I'm wearing a hat.

I'm | **wearing** | **a hat.**

Para decir lo que llevas puesto, di **I'm** seguido del verbo acabado en **ing**.

I'm | **wearing** | **shorts.**

Algunas prendas, como **shorts**, **pants** o **glasses**, se utilizan en plural.

Cómo funciona

Estas son algunas muestras del **present continuous** del verbo **to wear**. Utiliza el **present continuous** para hablar de hacer algo en el momento actual.

21.9 Escucha y marca las imágenes correctas.

A ☑   B ☐

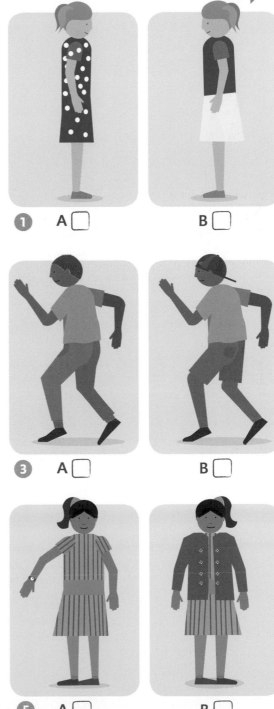

1   A ☐   B ☐

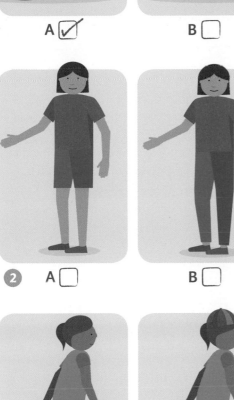

2   A ☐   B ☐

3   A ☐   B ☐

4   A ☐   B ☐

5   A ☐   B ☐

Are you wearing my shoes?

Yes, I am!

Andy, are you wearing my hat?

No, I'm not. That's your hat!

Are you wearing my shoes?

Are you · wearing · my shoes?

Para preguntar, pon **Are you** delante del verbo.

Añádele **ing** al verbo.

Yes, · I am.

Si llevas la prenda, puedes decir **Yes** o **Yes, I am.**

No, · I'm not.

Si no llevas la prenda, puedes decir **No** o **No, I'm not.**

Cómo funciona

Para preguntar en **present continuous**, pon **Are you** delante de la forma del verbo terminada en **ing**.

Mira las imágenes y marca las respuestas correctas.

Are you wearing my hat?

Yes, I am. ☐

No, I'm not. ☑

1 Are you wearing my jacket?

Yes, I am. ☐

No, I'm not. ☐

2 Are you wearing my watch?

Yes, I am. ☐

No, I'm not. ☐

3 Are you wearing my glasses?

Yes, I am. ☐

No, I'm not. ☐

Ahora escucha y repite.

179

21.12 Escucha y lee.

What a beautiful dress!

What a nice T-shirt!

What a big hat!

What dirty shoes!

What a beautiful dress!

What a | beautiful | dress!

Di **What a** seguido de un adjetivo.

What | dirty | shoes!

Para describir dos o más cosas, di solamente **What**.

Cómo funciona

Para explicar lo que piensas de algo, o para dar énfasis, pon **What a** delante de un sustantivo o un adjetivo. Para referirte a dos o más cosas, pon solamente **What**.

180

21.13 Mira las imágenes y escribe las palabras correctas en los espacios.

What a   ~~What a~~   What a
    What a   What   What

___What a___ clean T-shirt!

1 _____ beautiful boots!

2 _____ dirty sock!

3 _____ nice glasses!

4 _____ nice shirt!

5 _____ big purse!

Ahora escucha y repite.

22 Our day at the beach
Un día en la playa

22.1 Escucha, señala y repite.
22.2 ¿Cuántas pelotas hay?

① seagull

② ship

③ surf

④ jellyfish

⑤ fly a kite

⑥ sand

⑦ play soccer

⑧ bucket

⑨ shovel

⑩ listen to music

⑪ drink juice

Maria's eating ice cream.

Sofia's drinking juice.

⑫ eat ice cream

swim in the ocean

⑬ fish

⑮ run on the beach

⑯ read a book

⑰ throw a ball

⑱ shell

22.3 Une cada imagen con las palabras correctas.

play soccer

① surf

② drink juice

③ listen to music

④ read a book

⑤ throw a ball

22.4 Mira las imágenes y escribe las respuestas correctas.

It's a seagull. ~~It's a jellyfish.~~ It's a shovel.
It's a shell. It's a ship. It's a bucket.

What's this?

It's a jellyfish.

1 What's this?

_____

2 What's this?

_____

3 What's this?

_____

4 What's this?

_____

5 What's this?

_____

Ahora escucha y repite.

22.5 Escucha y marca la imagen correcta.

A ☐   B ☑   **1** A ☐   B ☐   **2** A ☐   B ☐

3 A ☐   B ☐   **4** A ☐   B ☐   **5** A ☐   B ☐

22.6 Mira las imágenes y pon las letras en el orden correcto.

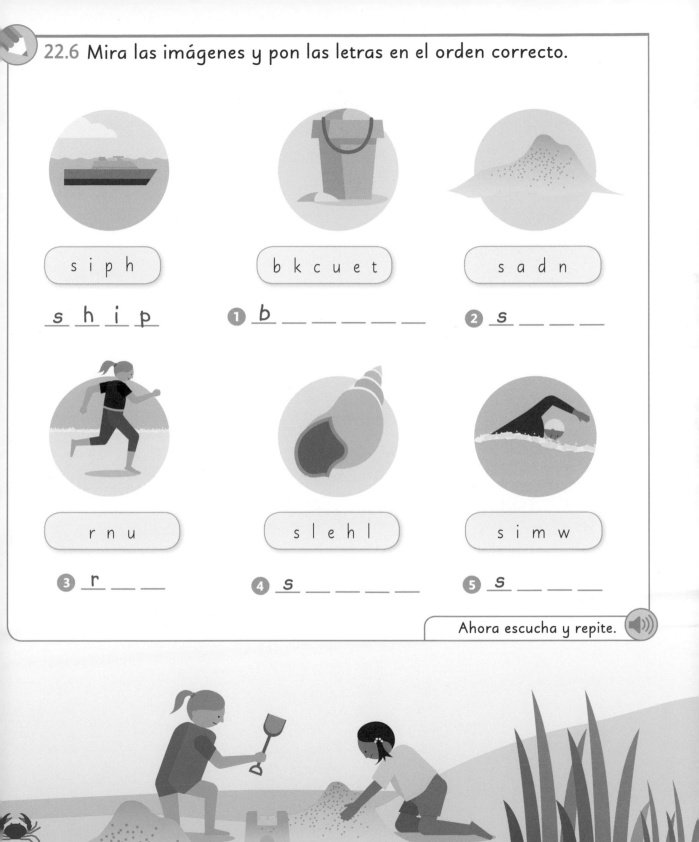

s i p h

s h i p

b k c u e t

❶ b _ _ _ _ _ _

s a d n

❷ s _ _ _

r n u

❸ r _ _

s l e h l

❹ s _ _ _ _ _

s i m w

❺ s _ _ _

Ahora escucha y repite.

He's listening to music!

She isn't listening to music. She's reading a book.

He's listening to music.

He's | listening to music.

Añade **is** o **'s** tras **she**, **he** o el nombre de alguien.

Añade **ing** al verbo principal.

She isn't | listening to music.

Pon **isn't** delante del verbo principal para hacer una frase negativa.

Cómo funciona

Estos son ejemplos de **present continuous**. Para utilizar el present continuous con **he**, **she** o el nombre de una persona, añade **is** o **'s**, seguido de la forma del verbo acabada en **ing**.

22.8 Mira las imágenes y marca la respuesta correcta.

He's listening to music. ☑
He isn't listening to music. ☐

1 She's swimming. ☐
She isn't swimming. ☐

2 He's flying a kite. ☐
He isn't flying a kite. ☐

3 She's drinking juice. ☐
She isn't drinking juice. ☐

Ahora escucha y repite.

22.9 Escucha y une cada nombre con la imagen correcta.

Nick   **1** May   **2** Pat   **3** Mark   **4** Lucy

swimming   throwing a ball   fishing   playing soccer   flying a kite

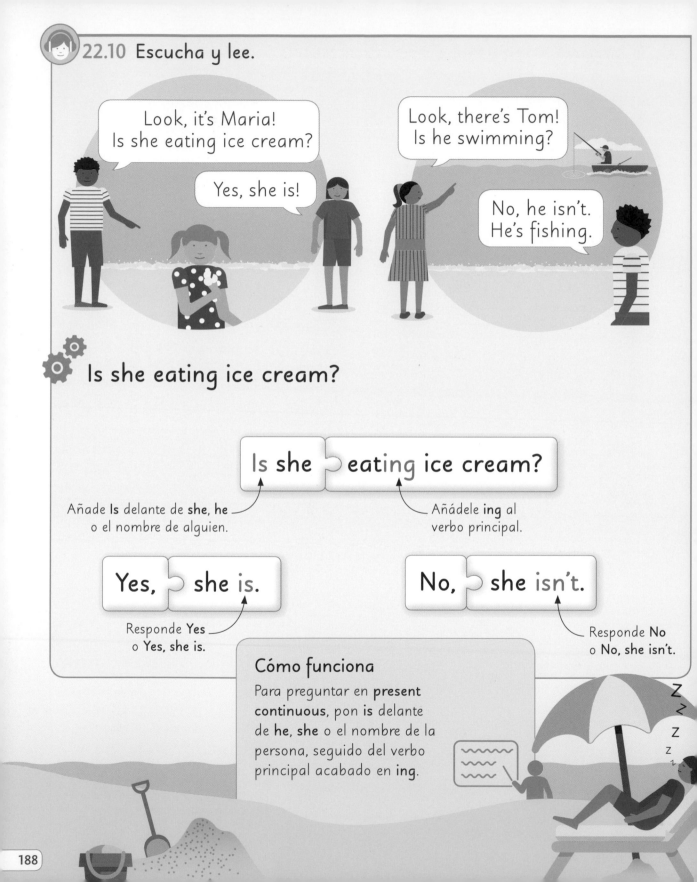

Look, it's Maria!
Is she eating ice cream?

Yes, she is!

Look, there's Tom!
Is he swimming?

No, he isn't.
He's fishing.

Is she eating ice cream?

Is she eating ice cream?

Añade **Is** delante de **she, he** o el nombre de alguien.

Añádele **ing** al verbo principal.

Yes, she is.

Responde **Yes** o Yes, she is.

No, she isn't.

Responde **No** o No, she isn't.

Cómo funciona

Para preguntar en **present continuous**, pon **is** delante de **he, she** o el nombre de la persona, seguido del verbo principal acabado en **ing**.

22.11 Mira las imágenes y escribe las respuestas correctas.

Yes, he is.   ~~No, he isn't.~~   Yes, she is.   No, she isn't.

Is Tom swimming?

No, he isn't.

1 Is she fishing?

2 Is Sue surfing?

3 Is he running?

Ahora escucha y repite.

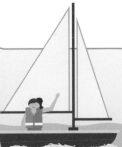

23.1 Escucha, señala y repite.
23.2 ¿Qué come Sofia?

Café

① pie

② cake

③ fries

④ candy

⑤ burger

⑥ orange

⑦ salad

⑧ rice

⑨ sausages

Would you like an orange, Andy?

Yes, please.

190

23.3 Escribe la palabra correcta debajo de cada imagen.

r i c e _ _ _ _ _ _ _ _ _ _ _ _

1

2

3

⑩ chocolate

⑪ noodles

⑫ drinks

⑬ fruit

⑭ juice

⑮ water

⑯ lemonade

191

23.4 Mira las imágenes y señala las palabras correctas.

 sausages / (pie)

 **1** cake / orange

 **2** chocolate / fruit

 **3** juice / noodles

 **4** rice / candy

 **5** burger / salad

Ahora escucha y repite.

23.5 Escucha y marca la imagen correcta.

A ☐   B ☑

1

A ☐   B ☐

2

A ☐   B ☐

3

A ☐   B ☐

23.6 Mira las imágenes y escribe las palabras correctas.

fruit   ~~water~~   burger
sausages   fries   lemonade

water

1 _____

2 _____   3 _____

4 _____   5 _____

Ahora escucha y repite.

23.7 Escucha y lee.

What would you like?

I'd like a burger, please.

I'd like some rice, please.

⚙ What would you like?

What would you like?

Esta es una manera educada de preguntar a alguien qué quiere comer.

I'd like — a burger, — please.

Esta es una manera educada de decir **I want.**

Añade **please** para ser bien educado.

I'd like — some rice, — please.

Utiliza **some** si hablas de dos o más cosas o de algo que no se puede contar.

Cómo funciona

I'd like es una manera educada de pedir algo. Decir **I want**, en cambio, puede parecer rudo en inglés.

Algunas cosas no se pueden contar de manera individual. Se llaman no contables. Utiliza **some** para pedir cosas plurales que no son contables.

I would ➡ I'd

23.8 Escucha y une cada nombre con la imagen correcta.

Ben   **1** Alex   **2** Eva   **3** Grace   **4** Mark

fries   rice   orange   salad   noodles

23.9 Vuelve a escribir las frases en el orden correcto.

please. a burger, I'd like

I'd like a burger, please.

1 drink, a I'd like please.

2 some lemonade, please. I'd like

3 please. some I'd like fruit,

Ahora escucha y repite.

23.10 Escucha y lee.

> Would you like an ice cream?

> No, thank you.

> Would you like some juice?

> Yes, I would, thank you.

 Would you like an ice cream?

| Would you like | an ice cream? |

Utiliza esta expresión para preguntar a alguien si quiere algo.

Yes, please.

Esta es una forma educada de decir que sí.

No, thank you.

Esta es una forma educada de decir que no.

| Would you like | some juice? |

Yes, I would.

Esta es otra forma de decir que sí.

No, I wouldn't

Esta es otra forma de decir que no.

Cómo funciona

Would you like es una forma educada de pedir a alguien si quiere algo. Siempre es importante que digas también **please** y **thank you** al responder.

Would not ➡ Wouldn't

23.11 Escucha y marca las respuestas correctas.

Would you like some juice?

Yes, I would. ✓

No, I wouldn't. ☐

1 Would you like some fruit?

Yes, please. ☐

No, thank you. ☐

2 Would you like a burger?

Yes, please. ☐

No, thank you. ☐

3 Would you like a salad?

Yes, I would. ☐

No, I wouldn't. ☐

23.12 Escucha, señala y repite.

① breakfast
② milk
③ egg
④ bread

⑤ lunch
⑥ meatball
⑦ pasta

⑧ dinner
⑨ rice
⑩ beans
⑪ fish
⑫ potatoes
⑬ chicken
⑭ peas

What's for lunch today?

What's for lunch today, Dad?

Rice and chicken.

breakfast?

What's for

lunch?

Así puedes preguntar qué hay para comer.

dinner?

23.14 Escucha y marca las imágenes correctas.

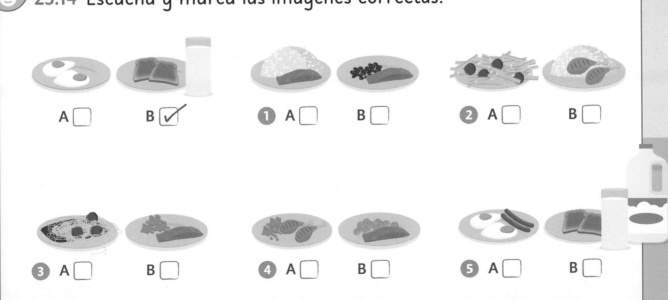

A ☐ B ☑

1 A ☐ B ☐

2 A ☐ B ☐

3 A ☐ B ☐

4 A ☐ B ☐

5 A ☐ B ☐

At the park
En el parque

① boy

② girl

③ baby

④ woman

⑤ women

Whose skateboard is this?

It's mine.

24.3 Escribe la palabra correcta debajo de cada imagen.

g i r l   _ _ _   _ _ _   _ _ _

⑥ person

⑦ people

⑧ child/kid

⑨ children/kids

⑩ man

⑪ men

24.4 Mira las imágenes y señala las palabras correctas.

woman / (women)   1 person / people   2 boy / girl

3 child / children   4 man / men   5 woman / baby

Ahora escucha y repite.

24.5 Encuentra y señala las cinco palabras ocultas.

girl

~~child~~

people

kid

person

boy

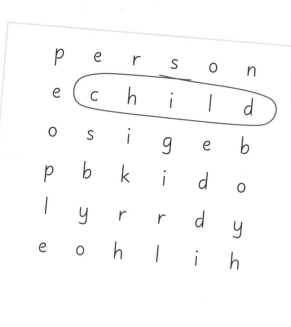

```
p  e  r  s  o  n
e (c  h  i  l  d)
o  s  i  g  e  b
p  b  k  i  d  o
l  y  r  r  d  y
e  o  h  l  i  h
```

24.6 Mira las imágenes y pon las letras en el orden correcto.

c d l i h

c h i l d

w n a o m

1 w _ _ _ _ _

m n e

2 m _ _

g r l i

3 g _ _ _

w n e m o

4 w _ _ _ _

k d s i

5 k _ _ _

Ahora escucha y repite.

24.7 Escucha y lee.

Is this Max's bag?

No, it isn't.
Max's bag is blue.

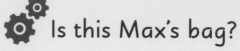 Is this Max's bag?

 Is this | Max's | bag?

Para indicar que alguien
es el propietario de algo,
añade 's a su nombre.

 Max's | bag | is blue.

Cómo funciona

Estas frases utilizan el apóstrofo
posesivo. Se pone delante de una **s**
para indicar que la persona
es la propietaria de algo.

24.8 Escucha y une cada persona con el objeto correcto.

Max   ① Matt   ② Sam   ③ Kim   ④ Ann

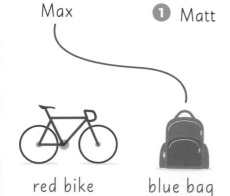

red bike   blue bag   green bike   yellow bag   orange bike woman's   ~~Sara's~~   boy's   Andy's   girl's   baby's

___Sara's___ book is blue.

1 The _____ ball is red.

2 The _____ doll is pink.

3 The _____ dog is dirty.

4 _____ bike is yellow.

5 The _____ skirt is black.

Ahora escucha y repite.

24.10 Escucha y lee.

Whose ball is this?

It's mine.

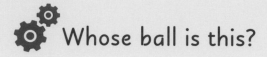 **Whose ball is this?**

Whose — Di esto para saber de quién es algo.

ball

is this? — Añade **is this** para terminar la pregunta.

Cómo funciona

Whose es una palabra que se utiliza para preguntar de quién es algo.
Mine es un pronombre posesivo. Se utiliza para indicar quién es el propietario de algo.

It's mine. — Esto significa que la pelota es mía.

24.11 Escucha y lee.

It's mine.

It's yours.
La pelota es tuya.

It's his.
La pelota es de él.

It's hers.
La pelota es de ella.

It's ours.
La pelota es nuestra.

It's yours.
La pelota es de ustedes.

It's theirs.
La pelota es de ellos.

24.12 Escucha y escribe las respuestas correctas.

It's his.   ~~It's mine.~~   It's theirs.

It's ours.   It's hers.   It's yours.

Whose ball is this?

It's mine.

1 Whose dog is this?

_____

2 Whose bike is this?

_____

3 Whose boat is this?

_____

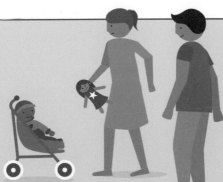

4 Whose lunch is this?

_____

5 Whose doll is this?

_____

25 My day
Mi día

25.1 Escucha, señala y repite.
25.2 ¿A quién llama Max por teléfono?

① I get up.

....

⑫ I go to sleep.

....

25.3 Une cada imagen con la frase correcta.

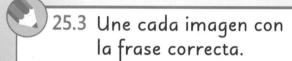

I study English.   I eat lunch.   I go home.

⑪ I eat dinner.

....

⑩ I go swimming.

....

⑨ I call my friend.

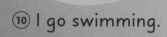

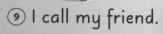

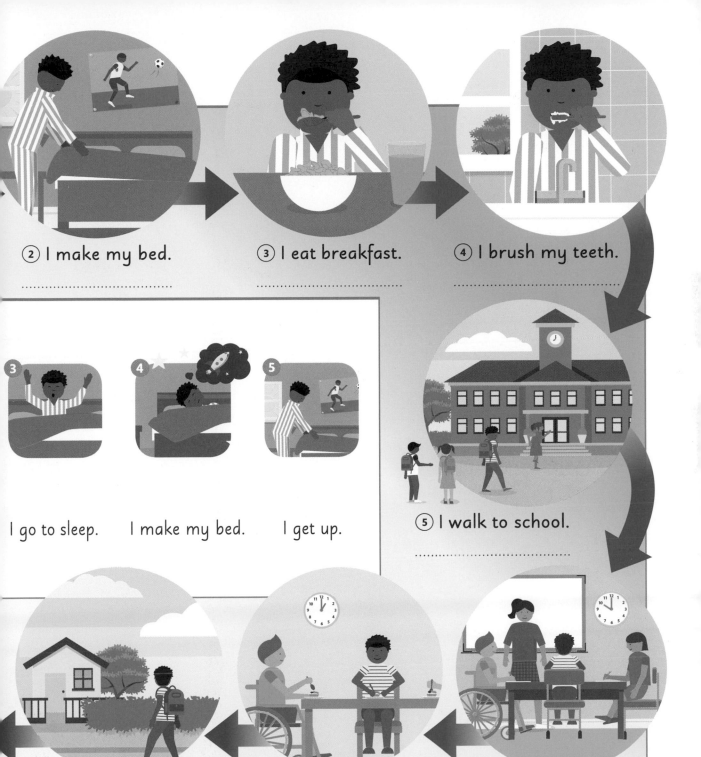

② I make my bed.

③ I eat breakfast.

④ I brush my teeth.

I go to sleep.

I make my bed.

I get up.

⑤ I walk to school.

⑧ I go home.

⑦ I eat lunch.

⑥ I study English.

25.4 Escucha y marca las imágenes correctas.

A ☐   B ☑

1 A ☐   B ☐

2 A ☐   B ☐

3 A ☐   B ☐

4 A ☐   B ☐

5 A ☐   B ☐

25.5 Aquí hay cuatro frases. Marca el principio y el final de cada una y escríbelas debajo.

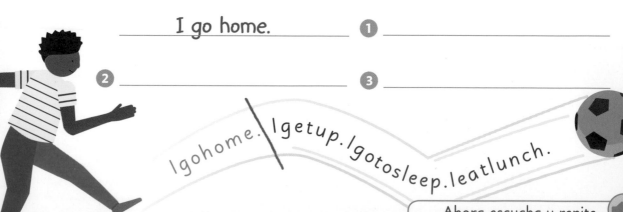

I go home.   1 _____

2 _____   3 _____

Igohome.Igetup.Igotosleep.Ieatlunch.

Ahora escucha y repite.

25.6 Mira las imágenes y escribe las frases correctas.

I eat breakfast.　　　I eat lunch.　　　I study English.

I brush my teeth.　　　I walk to school.　　~~I make my bed.~~

I make my bed.

1 _____

2 _____

3 _____

4 _____

5 _____

Ahora escucha y repite.

25.7 Escucha y lee.

What time is it?

What time is it?

It's ten o'clock.

What time is it?

Así preguntas qué hora es.

It's ten o'clock.

Responde la pregunta diciendo **It's** y la hora.

Para decir la hora, debes indicar el número seguido de **o'clock**.

25.8 Une cada reloj con la hora correcta.

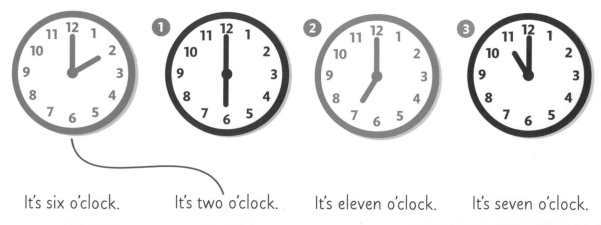

It's six o'clock.   It's two o'clock.   It's eleven o'clock.   It's seven o'clock.

Ahora escucha y repite.

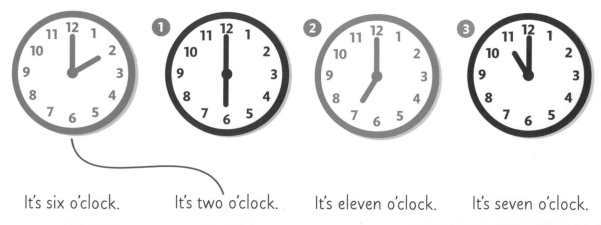

212

25.9 Escucha, señala y repite.

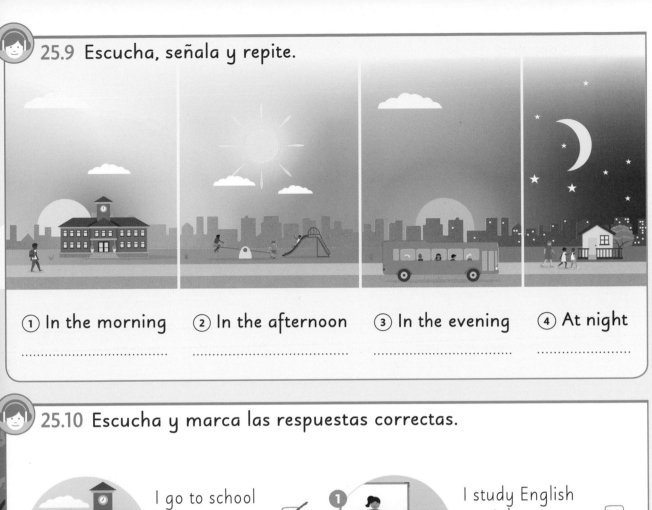

① In the morning   ② In the afternoon   ③ In the evening   ④ At night

25.10 Escucha y marca las respuestas correctas.

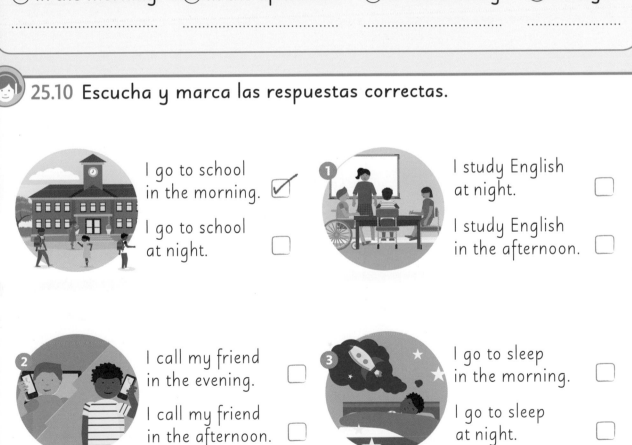

I go to school in the morning. ☑
I go to school at night. ☐

1
I study English at night. ☐
I study English in the afternoon. ☐

2
I call my friend in the evening. ☐
I call my friend in the afternoon. ☐

3
I go to sleep in the morning. ☐
I go to sleep at night. ☐

When do you brush your teeth?

When do you · **brush your teeth?**

Utiliza **When** para preguntarle a alguien cuándo hace algo.

I brush my teeth · **in the morning.**

Puedes responder con el momento del día.

at seven o'clock.

Para decir el momento en el que haces algo, di **at** seguido de la hora.

25.12 Lee las frases y escribe la palabra correcta en cada espacio.

> breakfast   go to sleep   six o'clock
> ~~morning~~   walk   we

In the **morning** ____,
I wake up at seven
o'clock.

① I eat _____,
and then I brush
my teeth.

② I _____
to school at eight
o'clock.

③ In the afternoon,

_____

study English.

④ I eat dinner at

_____

with my family.

⑤ Then I

_____

at seven o'clock.

Ahora escucha y repite.

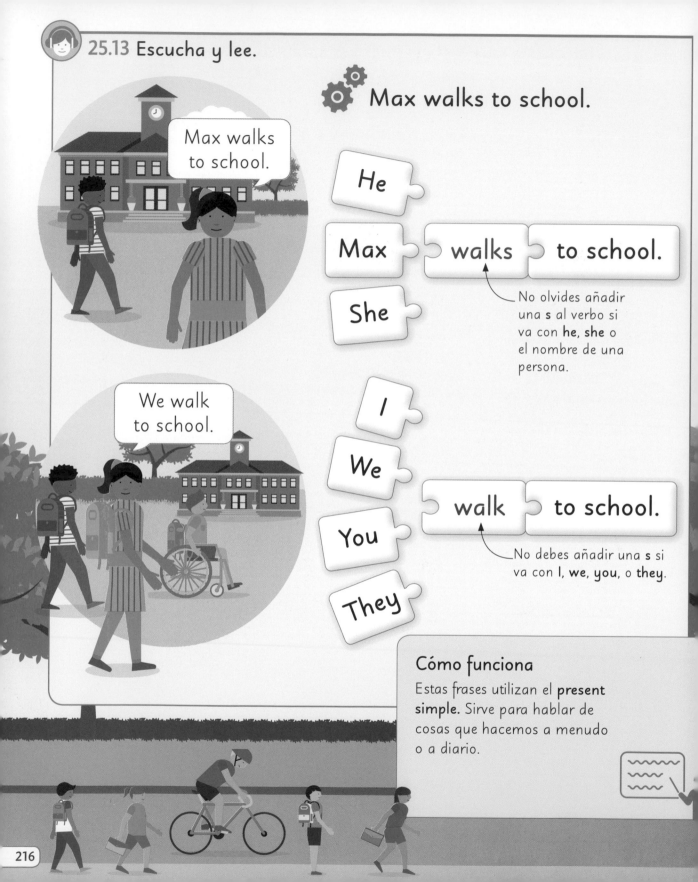

Max walks to school.

Max walks to school.

He

Max

She

walks to school.

No olvides añadir una s al verbo si va con **he, she** o el nombre de una persona.

We walk to school.

I

We

You

They

walk to school.

No debes añadir una s si va con **I, we, you,** o **they**.

Cómo funciona

Estas frases utilizan el **present simple.** Sirve para hablar de cosas que hacemos a menudo o a diario.

25.14 Mira las imágenes y señala las palabras correctas.

Max **walk** / **walks** to school.

1. They **eat** / **eats** lunch.

2. We **go** / **goes** swimming.

3. She **study** / **studies** English.

4. She **get** / **gets** up.

5. Max **make** / **makes** his bed.

Ahora escucha y repite.

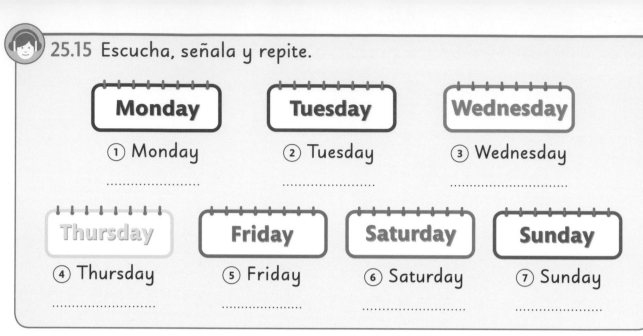

25.15 Escucha, señala y repite.

Monday
① Monday

Tuesday
② Tuesday

Wednesday
③ Wednesday

Thursday
④ Thursday

Friday
⑤ Friday

Saturday
⑥ Saturday

Sunday
⑦ Sunday

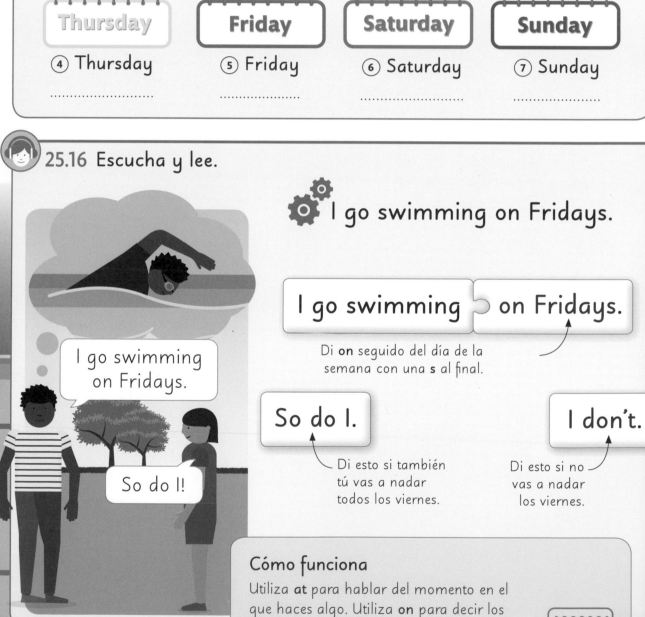

25.16 Escucha y lee.

I go swimming on Fridays.

I go swimming on Fridays.

So do I!

I go swimming | on Fridays.

Di **on** seguido del día de la semana con una **s** al final.

So do I.

Di esto si también tú vas a nadar todos los viernes.

I don't.

Di esto si no vas a nadar los viernes.

Cómo funciona
Utiliza **at** para hablar del momento en el que haces algo. Utiliza **on** para decir los días en los que haces algo.

218

25.17 Escucha y marca las respuestas correctas.

I go swimming on Fridays.

So do I. ☑

I don't. ☐

1 I go home at two o'clock.

So do I. ☐

I don't. ☐

2 I eat breakfast at eight o'clock.

So do I. ☐

I don't. ☐

3 I call my friend on Thursdays.

So do I. ☐

I don't. ☐

Review: Me and my day
Repaso: Yo y mi día

 26.1 Escucha y lee.

I'm Andy. I have black hair and brown eyes. Today I'm wearing shorts and a T-shirt.

I like school. I go to school at 8 o'clock. In the morning, I study English. I eat rice and beans for lunch, and I drink juice. I go home at 3 o'clock. In the evening, I call my friends. I eat dinner at 6 o'clock, and I go to sleep at 7 o'clock.

26.2 Escribe sobre cómo es tu día y dibuja lo que llevas puesto.

I'm_____ . I have_____ hair and
_____ eyes. Today I'm wearing_____
and _____ .

I_____ school. I go to school at _____ .
In the morning, I study_____ . I eat
_____ for lunch, and I drink_____ .
I go home at _____ . In the evening,
I_____ . I eat dinner at_____ ,
and I go to sleep at _____ .

El alfabeto

A1 El alfabeto inglés tiene 26 letras. Escucha el audio y repite cada letra. Luego escucha la canción y canta.

Escribe en mayúscula la primera letra de una frase, los nombres de persona y los días de la semana.

Escribe el resto en minúsculas.

Aa Bb Cc

Dd Ee Ff Gg Hh

Ii Jj Kk Ll Mm

Nn Oo Pp Qq Rr

Ss Tt Uu Vv Ww

Xx Yy Zz

Guía de escritura

Practica la escritura de las letras inglesas comenzando en el punto rojo y siguiendo las flechas.

A A A A A   a a a a a

B B B B B   b b b b b

C C C C C   c c c c c

D D D D D   d d d d d

Aa Bb Cc Dd

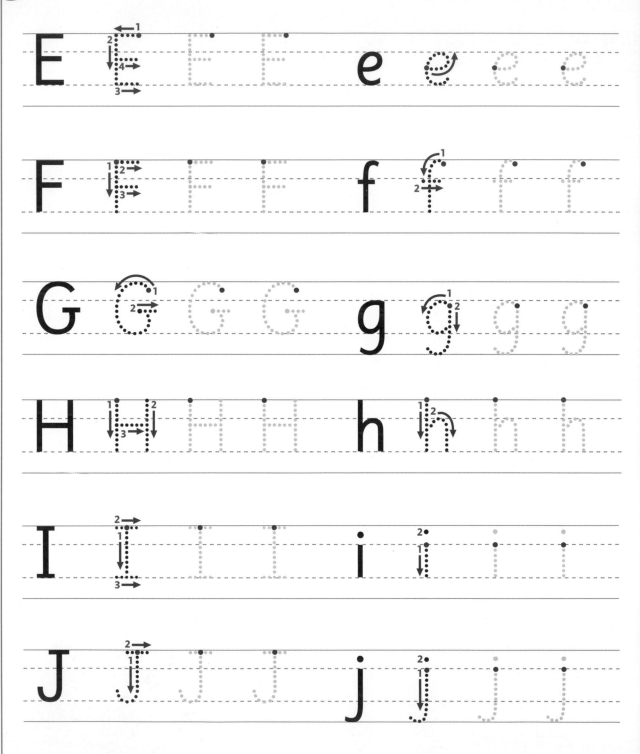

K k K k k k

L l L l l l

M m M m m m

N n N n n n

O o O o o o

P p P p p p

Q Q Q Q q q q q

R R R R r r r r

S S S S s s s s

T T T T t t t t

U U U U u u u u

V V V V v v v v

Guía de gramática

G1 To be

Utiliza **to be** para hablar de ti y describir personas y cosas.

Positivo	Negativo
I am/I'm	I'm not
You are/You're	You aren't
He is/He's	He isn't
She is/She's	She isn't
It is/It's	It isn't
We are/We're	We aren't
You are/You're	You aren't
They are/They're	They aren't

G2 Have

Utiliza **have** para hablar de las cosas que tienes.

Positivo	Negativo
I have	I don't have
You have	You don't have
He has	He doesn't have
She has	She doesn't have
It has	It doesn't have
We have	We don't have
You have	You don't have
They have	They don't have

G3 Can

Utiliza **can** para hablar de las cosas que sabes hacer.

Positivo	Negativo
I can	I can't
You can	You can't
He can	He can't
She can	She can't
It can	It can't
We can	We can't
You can	You can't
They can	They can't

G4 El present simple

Utiliza el present simple para dar opiniones o hablar de cosas que se hacen cada día.

Positivo	Negativo
I like	I don't like
You like	You don't like
He likes	He doesn't like
She likes	She doesn't like
It likes	It doesn't like
We like	We don't like
You like	You don't like
They like	They don't like

G5 El present continuous

Utiliza el present continuous para hablar de lo que alguien está haciendo ahora.

Positivo	Negativo
I am walking/I'm walking	I'm not walking
You are walking/You're walking	You aren't walking
He is walking/He's walking	He isn't walking
She is walking/She's walking	She isn't walking
It is walking/It's walking	It isn't walking
We are walking/We're walking	We aren't walking
You are walking/You're walking	You aren't walking
They are walking/They're walking	They aren't walking

G6 Palabras interrogativas

Utiliza palabras interrogativas como **what**, **who**, **where** y **when** para hacer preguntas que no se pueden responder con **yes** o **no**.

Palabra interrogativa	Pregunta de ejemplo	Respuesta de ejemplo
What	**What**'s that?	It's a crocodile.
Which	**Which** animal is big?	The dog is big.
Who	**Who**'s that?	It's Ben.
Whose	**Whose** camera is this?	It's mine.
When	**When** do you go to school?	I go to school in the morning.
Where	**Where**'s the cat?	It's under the table.
How	**How** old are you?	I'm nine years old.
How many	**How many** ducks are there?	There are five.
Why	**Why** do you like soccer?	It's fun!

G7 Plurales irregulares

La mayoría de los plurales se forman añadiendo una **s** o **es** al final de un sustantivo singular. Algunos plurales, en cambio, son irregulares y se escriben de otra forma o no cambian.

Singular	Plural
mouse	mice
tooth	teeth
foot	feet
child	children
woman	women
man	men
person	people
sheep	sheep
fish	fish

G8 Preposiciones de lugar

Utilízalas para decir dónde están las cosas.

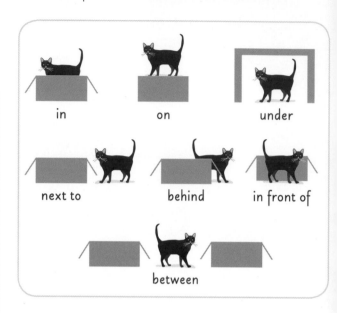

in   on   under

next to   behind   in front of

between

G9 This, that, these, those

Utiliza **this**, **that**, **these** y **those** para señalar cosas.

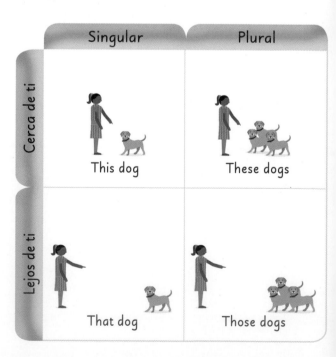

	Singular	Plural
Cerca de ti	This dog	These dogs
Lejos de ti	That dog	Those dogs

G10 Pronombres, adjetivos posesivos y pronombres posesivos

Los pronombres pueden sustituir sustantivos (nombres de personas, lugares y cosas) en una frase.

Pronombre de sujeto	Pronombre de objeto	Adjetivo posesivo	Pronombre posesivo
Los pronombres de sujeto sustituyen a la persona o la cosa que hace la acción. Ejemplo: Is **she** happy?	Los pronombres de objeto sustituyen a la persona o la cosa que recibe la acción. Ejemplo: I like **him**.	Los adjetivos posesivos van antes de un sustantivo para decir a quién pertenece algo. Ejemplo: It's **my** book.	Si utilizas un pronombre posesivo no necesitas utilizar el sustantivo. Ejemplo: It's **theirs**.
I	me	my	mine
you	you	your	yours
he	him	his	his
she	her	her	hers
it	it	its	its
we	us	our	ours
you	you	your	yours
they	them	their	theirs

G11 Conjunciones

Las conjunciones, como **and**, **but** y **or**, son palabras que unen dos cláusulas.

Utiliza **and** para unir palabras en una frase positiva.

I like oranges **and** bananas.

Utiliza **but** para unir una frase positiva con otra negativa.

I like oranges **but** I don't like bananas.

Utiliza **or** para unir palabras en una frase negativa.

I don't like oranges **or** bananas.

G12 Verbos comunes

Un verbo es una palabra que describe una acción. Aquí tienes algunos verbos comunes en inglés.

Verbo	Frase de ejemplo
give	Please **give** me that book.
hold	My baby brother can't **hold** a pen.
put	I **put** my toys in my toy box.
see	I can **see** an aeroplane in the sky!
stop	Where does this train **stop**?
talk	I **talk** to my friends at school.
tell	Can you **tell** me where the park is?
try	I **try** to speak English every day.

G13 Instrucciones

Al estudiar inglés o hacer un examen, puede que veas estas palabras en las instrucciones.

Verbos

listen	write
read	look at
repeat	check off
circle	match
cross out	count
color in	point

Nombres

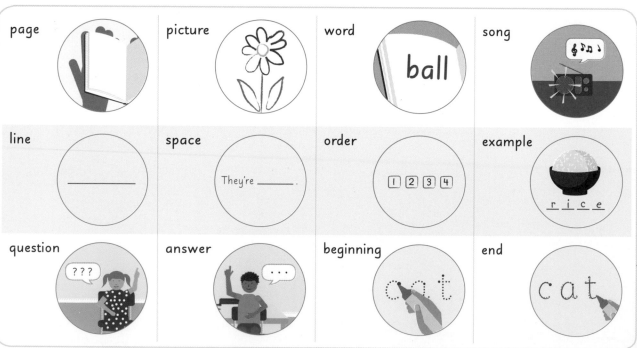

page	picture
word	song
line	space
order	example
question	answer
beginning	end

G14 Expresiones útiles

Estas expresiones son útiles para saludar a otras personas, despedirse, ser educado, pedir información o mostrar que estás contento.

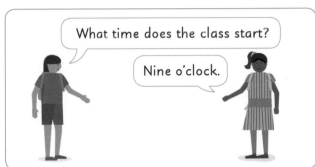

Respuestas

1

1.3
1 Sofia 2 Max 3 Ben
4 Maria 5 Sara

1.6
1 eight 2 six 3 ten
4 nine 5 five

1.8
1 I'm **seven** years old.
2 I'm **six** years old.
3 I'm **10** years old.

2

2.2
1 classmate 2 book
3 teacher 4 board

2.4
1 listen 2 answer 3 sit down
4 add 5 pick up

2.5
1 B 2 B
3 B 4 B
5 B

2.7
1 What's **his** name?
2 **His** name's Hugo.
3 What's **her** name?

3

3.2
1 draw 2 read 3 count
4 spell

3.5
1 Let's count! 2 Let's write!
3 Let's read! 4 Let's draw!
5 Let's play!

3.6
1 Let's **count**!
2 Let's **write**!
3 Let's **read**!

3.8
1 fifteen 2 twenty 3 eighteen
4 thirteen

3.10

1 pens 2 teacher 3 chairs

4

4.2

six pencils

4.3

1 crayon 2 eraser 3 pencil
4 watch 5 pen

4.4

1 blue 2 brown 3 red
4 gray 5 purple

4.5

1 A 2 B 3 A 4 B

4.6

1 crayon 2 white 3 black
4 green 5 apple

4.8

1 It's an eraser.
2 It's an apple.
3 It's a watch.

4.10

1 They're **notepads**.
2 They're **rulers**.
3 They're **crayons**.
4 They're **erasers**.

4.13

1 purple 2 pink 3 orange
4 blue 5 red

4.14

1 It's yellow.
2 It's black.
3 It's purple.
4 It's red.

5

5.2

blue

5.3

1 monkey 2 tiger 3 hippo
4 whale 5 parrot

5.4

1 crocodile
2 bear
3 frog

5.5
1 lion   2 snake   3 lizard
4 penguin

5.6
1 B   2 A   3 A

5.9
1 It's a **giraffe**.
2 It's a **bear**.
3 It's a **crocodile**.

5.11
1 A   2 B   3 B
4 B   5 A

5.13
1 penguin 2 parrot   3 lizard
4 zebra   5 snake

6

6.2
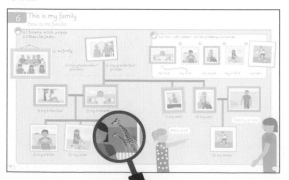

6.3
1 my brother   2 my aunt
3 my sister   4 my cousin

6.4
1 my dad   2 my mom
3 my sister   4 my brother

6.5
1 uncle   2 grandma
3 brother 4 mom   5 father

6.6
1 cousin   2 mother   3 sister
4 grandpa 5 aunt   6 dad

6.8
1 Who's this?   2 Who's this?
3 Who's that?

6.10
1 No, he isn't.   2 No, she isn't.
3 Yes, she is.

6.13
1 He's a vet.
2 She's a firefighter.
3 He's a farmer.
4 She's a doctor.
5 She's a police officer.

7

7.2

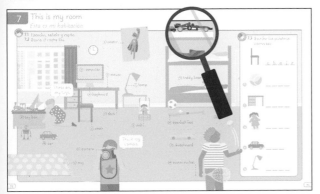

7.3

1 ball
2 desk
3 doll
4 car
5 lamp

7.4

1 teddy bear
2 camera
3 baseball bat
4 tennis racket

7.5

1 They're chairs.
2 They're dolls.
3 It's a skateboard.
4 It's a toy box.
5 It's a rug.

7.6

1 camera
2 poster
3 chair
4 car
5 lamp

7.8

1 These are my dolls.
2 These are my lamps.
3 This is my rug.

7.9

1 **That's** my poster.
2 **That's** my skateboard.
3 **Those are** my cars.

7.11

1 Max
2 Max
3 Sofia
4 Max
5 Sofia

7.13

1 Yes, I do.
2 Yes, I do.
3 No, I don't.

9

9.2

9.3
1 cold   2 sad
3 tired   4 happy

9.4
1 excited   2 hot   3 scared

9.5
1 sad   2 happy
3 cold   4 tired

9.6
1 hungry   2 happy   3 scared
4 sad   5 thirsty

9.9
1 B   2 A   3 A

9.10
1 They're happy.
2 We're hungry.
3 They're excited.

9.12
1 No, we aren't.
2 No, they aren't.
3 Yes, they are.

10

10.2
six fish

10.3
1 cat   2 tortoise
3 rabbit   4 dog

10.5
1 cat   2 mouse   3 dog

10.6
1 nice
2 young
3 big
4 beautiful
5 scary

10.7

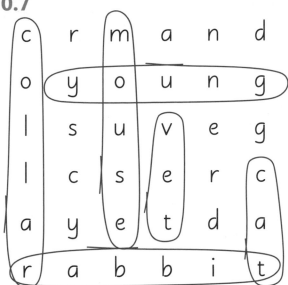

10.10

1. tortoise
2. cat
3. dog
4. rabbit

10.11

1. Ben has a **mouse**.
2. She has a **dog**.
3. Sara has a **fish**.

10.13

1. No, she doesn't.
2. No, he doesn't.
3. Yes, he does.

10.14

1. A
2. B
3. B

10.16

1. Bonzo
2. Lee
3. Ted
4. Rex
5. Meg

11

11.2

Sara

11.3

1. head
2. mouth
3. hand
4. long hair

11.4

1. arm
2. toes
3. eye

11.5

1. fingers
2. hair
3. teeth
4. toes
5. mouth
6. ear

11.6

1. hair
2. nose
3. face
4. teeth
5. body

11.8

1. B
2. B
3. B
4. A
5. A

11.10

1 No, it doesn't.
2 Yes, it does.
3 Yes, it does.
4 No, it doesn't.

11.12

1 **Wave** your arms!
2 **Point** one finger!
3 **Move** your feet!

12

12.2

five cars

12.3

1 bus   2 truck   3 bike

12.4

1 school   2 hospital   3 park
4 helicopter   5 bike   6 train

12.5

1 bus
2 motorcycle
3 airplane
4 hospital

12.6

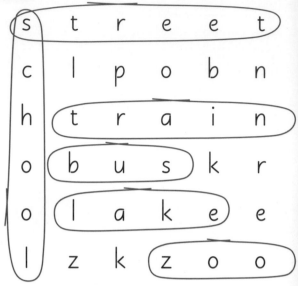

12.9

1 **There are** two trucks.
2 **There's** a school.
3 **There's** a zoo.
4 **There are** four cars.
5 **There are** three boats.

12.12

1 It's **next to** the store.
2 It's **in front of** the hospital.
3 It's **behind** the school.
4 It's **between** the park and
the store.

12.14

1 A
2 B
3 A

13

13.2
the kitchen

13.3
1 kitchen 2 bathroom 3 bedroom

13.4
1 It's a bookcase. 2 It's a door.
3 It's a couch. 4 It's a television.
5 It's a refrigerator.

13.5
1 bookcase 2 table 3 flowers
4 clock 5 armchair 6 mat

13.6
1 hall 2 plants 3 window
4 lights 5 wall

13.9
1 B 2 A 3 B

13.12
1 No, there isn't. 2 Yes, there is.
3 Yes, there is. 4 No, there isn't.
5 No, there isn't.

13.14
1 No, there aren't. 2 Yes, there are.
3 Yes, there are. 4 No, there aren't.
5 Yes, there are.

15

15.2
11 sheep

15.3
1 bee 2 horse 3 barn
4 cow 5 goat

15.4
1 tail 2 tractor 3 barn
4 the sun 5 donkey

15.5
1 goat 2 horse
3 duck 4 tree

15.6
1 chicken 2 field 3 bee
4 pond 5 goat 6 tree

15.8
1 There are three. 2 There are four.
3 There's one.

15.10

1 They're in front of the barn.
2 They're under the tree.
3 They're in the field.
4 They're in the barn.
5 They're next to the pond.

15.13

This is my farm. My cow **is** under the tree. There **1 are** four ducks **2 in** the pond. The three chickens **3 are** next to the horse. The donkey **4 is** in the field, and five sheep **5 are** in front of the barn.

16

16.2

16.3

1 ice hockey   2 tennis
3 basketball   4 badminton

16.4

1 table tennis   2 basketball
3 baseball

16.5

1 ice hockey   2 badminton
3 swimming   4 soccer

16.7

1 B   2 A   3 A   4 B   5 B

16.8

1 catch   2 swim   3 throw
4 kick   5 bounce

16.10

1 I **can** catch a ball.
2 I **can't** play ice hockey.
3 I **can** hit a ball.
4 I **can** swim.
5 I **can't** play table tennis.

16.12

1 Yes, **I can.**
2 **Can you** play baseball?
3 No, **I can't.**

16.14

1 Yes, she can.   2 No, she can't.
3 Yes, he can.

17

17.2

17.3

① meat ② onions ③ kiwis
④ lemons ⑤ pears

17.4

① B   ② A   ③ A   ④ B

17.5

① lime   ② orange ③ carrot
④ fish   ⑤ coconut

17.6

① yellow ② brown ③ red
④ green   ⑤ purple

17.9

① I **don't like** watermelons.
② I **like** apples.

③ I **like** lemons and limes.
④ I **don't like** carrots or onions.
⑤ I **don't like** tomatoes.

17.11

① No, I **don't**.
② Yes, I **do**.
③ Do you **like** mangoes?

17.13

① May I have **a** banana, please?
② May I have **an** orange, please?
③ May I have **some** vegetables, please?

18

18.2
8 stars

18.3

① puppet ② the moon ③ robot

18.4

① board game   ② car   ③ ball

18.5

① robot
② rocket
③ alien

18.6

1. It's a **monster**.
2. They're **stars**.
3. It's an **action figure**.

18.8

Sofia likes **cars**. Her cousin Eva doesn't like 1 **video games**. Ben likes 2 **rockets**, but his friend Sam doesn't like 3 **trains**.

18.9

1. Hugo **doesn't like** puppets.
2. Lucy **doesn't like** dolls.
3. Emma **likes** monsters.

18.11

1. No, she doesn't.
2. No, he doesn't.
3. Yes, she does.
4. Yes, he does.
5. No, she doesn't.

18.12

1. No, he doesn't.
2. Does she like dolls?
3. Yes, she does.

18.15

1. I don't.
2. Me too!
3. I don't.

19

19.2

19.3

1. dance
2. sing
3. draw pictures
4. take photos

19.4

1. B
2. A
3. A
4. B
5. A

19.5

1. sing
2. take photos
3. ride a bike
4. play the piano
5. paint

19.7

1. singing
2. drawing
3. reading
4. watching soccer

19.8

1. I enjoy taking photos.
2. I don't like riding a bike.
3. I like watching soccer.

19.10

1. Yes, I do.
2. No, I don't.
3. No, I don't.
4. Yes, I do.

21

21.2

blue

21.3

1. bag
2. jacket
3. hat

21.4

1. watch
2. dress
3. glasses
4. boot
5. baseball cap

21.5

1. B
2. A
3. A
4. B

21.6

1. It's a watch.
2. It's a jacket.
3. It's a sock.

4. It's a T-shirt.
5. It's a shoe.

21.9

1. B
2. A
3. A
4. B
5. B

21.11

1. No, I'm not.
2. Yes, I am.
3. Yes, I am.

21.13

1. **What** beautiful boots!
2. **What a** dirty sock!
3. **What** nice glasses!
4. **What a** nice shirt!
5. **What a** big purse!

22

22.2

three balls

22.3

1. drink juice
2. play soccer
3. throw a ball
4. listen to music
5. read a book

22.4
1 It's a shovel.
2 It's a shell.
3 It's a seagull.
4 It's a ship.
5 It's a bucket.

22.5
1 A 2 A 3 A 4 B 5 B

22.6
1 bucket 2 sand 3 run
4 shell 5 swim

22.8
1 She isn't swimming.
2 He isn't flying a kite.
3 She's drinking juice.

22.9
1 swimming
2 playing soccer
3 flying a kite
4 fishing

22.11
1 No, she isn't.
2 Yes, she is.
3 Yes, he is.

23

23.2
a burger

23.3
1 pie 2 salad 3 cake

23.4
1 orange 2 chocolate 3 juice
4 rice 5 salad

23.5
1 B 2 B 3 A

23.6
1 fries 2 fruit 3 sausages
4 burger 5 lemonade

23.8
1 fries 2 salad
3 noodles 4 orange

23.9
1 I'd like a drink, please.
2 I'd like some lemonade, please.
3 I'd like some fruit, please.

23.11

1 No, thank you.
2 Yes, please.
3 Yes, I would.

23.14

1 B 2 B 3 A 4 B 5 A

24

24.2

tennis

24.3

1 man
2 boy
3 men

24.4

1 people
2 boy
3 children
4 man
5 baby

24.5

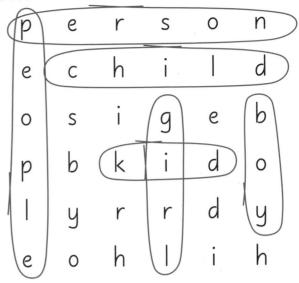

24.6

1 woman 2 men 3 girl
4 women 5 kids

24.8

1 red bike
2 yellow bag
3 orange bike
4 green bike

24.9

1 The **girl's** ball is red.
2 The **baby's** doll is pink.
3 The **boy's** dog is dirty.
4 **Andy's** bike is yellow.
5 The **woman's** skirt is black.

24.12

1 It's theirs. 2 It's his.

3 It's hers. 4 It's ours.

5 It's yours.

25

25.2

Ben

25.3

1 I study English.

2 I eat lunch.

3 I get up.

4 I go to sleep.

5 I make my bed.

25.4

1 A 2 B 3 A 4 A 5 B

25.5

1 I get up.

2 I go to sleep.

3 I eat lunch.

25.6

1 I study English.

2 I eat lunch.

3 I walk to school.

4 I eat breakfast.

5 I brush my teeth.

25.8

1 It's six o'clock.

2 It's seven o'clock.

3 It's eleven o'clock.

25.10

1 I study English in the afternoon.

2 I call my friend in the evening.

3 I go to sleep at night.

25.12

1 I eat **breakfast**, and then I brush my teeth.

2 I **walk** to school at eight o'clock.

3 In the afternoon, **we** study English.

4 I eat dinner at **6 o'clock** with my family.

5 Then I **go to sleep** at seven o'clock.

25.14

1 eat 2 go 3 studies

4 gets 5 makes

25.17

1 I don't.

2 So do I.

3 I don't.

Índice de gramática

En cada entrada se indica el número de la unidad en la que aparece. Las entradas de la **Guía de gramática** llevan una **G** delante (como en **G3**).

Lista de palabras

En cada palabra se indica el número de la unidad en la que se trata. Las palabras de la **Guía de gramática** llevan una **G** delante (como en **G3**).

CLAVE

adj	adjetivo
exp	expresión
int	palabra interrogativa
n	nombre, sustantivo
num	número
pl	plural
prep	preposición
pron	pronombre
v	verbo

A

action figure *n* **18**
add *v* **2**
afternoon *n* **25**
airplane *n* **12**
airport *n* **12**
alien *n* **18**
alphabet *n* **2**
and *conj* **17, G11**
animal *n* **5**
answer *n* **G13**
answer *v* **2**
apartment block *n* **12**
apple *n* **4, 17**
arm *n* **11**

armchair *n* **13**
ask *v* **2**
at night *exp* **25**
aunt *n* **6**

B

baby (pl babies) *n* **24**
badminton *n* **16**
bag *n* **21, 24**
ball *n* **4, 7, 18, 22**
balloon *n* **18**
banana *n* **17**
barn *n* **15**
baseball *n* **16**
baseball bat *n* **7**
baseball cap *n* **21**
basketball *n* **16**
bathroom *n* **13**
bathtub *n* **13**
be (is/are) *v* **1, 4, 5, 6, 9, 15, 21, 22, 25, G1**
beach (pl beaches) *n* **22**
bean *n* **23**
bear *n* **5**
beautiful *adj* **10, 21**
bed *n* **7, 25**
bedroom *n* **13**
bee *n* **15**
beginning *n* **G13**
behind *prep* **12, G8**
between *prep* **12, G8**
big *adj* **10, 21**
bike *n* **12, 19**
bird *n* **5**
black *adj* **4**

blue *adj* **4**
board *n* **2**
board game *n* **18**
boat *n* **12**
body (pl bodies) *n* **11**
book *n* **2, 4, 22**
bookcase *n* **13**
bookstore *n* **12**
book pack *n* **4**
boot *n* **21**
bounce *v* **16**
boy *n* **24**
bread *n* **23**
breakfast *n* **23, 25**
brother *n* **6**
brown *adj* **4**
brush your teeth *v* **25**
bucket *n* **22**
burger *n* **23**
bus (pl buses) *n* **12**
but *conj* **G11**
bye *exp* **G14**

C

cake *n* **23**
call *v* **25**
camera *n* **7**
can *v* **16, G3**
car *n* **7, 12, 18**
carrot *n* **17**
cat *n* **10**
catch *v* **16**
chair *n* **2, 7, 13**
check off *v* **G13**
chef *n* **6**

chicken n **15, 23**

child (pl children) n **24**

children n **24**

chocolate n **23**

circle v **G13**

clap v **11**

classmate n **2**

classroom n **3**

clean adj **10, 21**

clock n **13, 25**

close v **2**

clothes n **21**

coconut n **17**

cold adj **9**

collar n **10**

color n **4**

color in v **G13**

computer n **7**

cool! exp **G14**

couch n **13**

count v **3, G13**

cousin n **6**

cow n **15**

crayon n **4**

crocodile n **5**

cross out v **G13**

cupboard n **2**

D

dad n **6**

dance v **19**

day n **25**

desk n **7**

dining room n **13**

dinner n **23, 25**

dirty adj **10, 21**

do you know? exp **G14**

do you want? exp **G14**

doctor n **6**

dog n **10**

doll n **7, 18**

donkey n **15**

don't worry exp **G14**

door n **13**

draw v **3**

dress (pl dresses) n **21**

drink n **23**

duck n **15**

E

ear n **11**

eat v **22, 23, 25**

egg n **23**

eight num **1**

eighteen num **3**

elephant n **5**

eleven num **3**

end n **G13**

enjoy v **19**

eraser n **4**

evening n **25**

example n **G13**

excited adj **9**

excuse me exp **G14**

eye n **11**

F

face n **11**

fair n **9**

family (pl families) n **6**

fantastic! exp **G14**

farm n **15**

farmer n **6**

father n **6**

favorite adj **5**

feet n **11**

field n **15**

fifteen num **3**

find v **2**

fine adj **1**

finger n **11**

fire station n **12**

firefighter n **6**

fish (pl fish) n **10, 17, 23**

fish v **22**

five num **1**

floor n **13**

flower n **13**

fly a kite v **22**

food market n **17**

foot (pl feet) n **11**

four num **1**

fourteen num **3**

Friday n **25**

friend n **1, 25**

fries n **23**

frog n **5**

fruit n **17, 23**

G

game n **18**

garden n **13**

get up v **25**

giraffe n **5**

girl *n* **24**
give *v* **G12**
glasses *n* **21**
go home *v* **25**
go swimming *v* **25**
go to sleep *v* **25**
goat *n* **15**
good morning *exp* **G14**
goodbye *exp* **G14**
grandfather/grandpa *n* **6**
grandmother/grandma *n* **6**
grape *n* **17**
green *adj* **4**
gray *adj* **4**
guitar *n* **19**

H
hair *n* **11**
hall *n* **13**
hand *n* **11**
happy *adj* **9**
hat *n* **21**
have *v* **7, 10, 11, 17, G2**
he *pron* **6**
head *n* **11**
helicopter *n* **12**
hello *exp* **1, G14**
her *adj* **2, G10**
hers *pron* **24**
hi *exp* **1**
hippo *n* **5**
his *adj* **2, G10**
his *pron* **24**
hit *v* **16**
hobby (pl hobbies) *n* **19**

hold *v* **G12**
home *n* **13, 25**
hooray! *exp* **G14**
horse *n* **15**
hospital *n* **12**
hot *adj* **9**
house *n* **12**
how? *int* **1, G6**
how many? *int* **15, G6**
hungry *adj* **9**

I, J, K
ice cream *n* **22**
ice hockey *n* **16**
I'm sorry *exp* **G14**
in *prep* **13, 15, G8**
in front of *prep* **12, G8**
in the afternoon *exp* **25**
in the evening *exp* **25**
in the morning *exp* **25**
jacket *n* **21**
jeans *n* **21**
jellyfish (pl jellyfish) *n* **22**
juice *n* **22, 23**
jump *v* **16**
keyboard *n* **7**
kick *v* **16**
kid *n* **24**
kitchen *n* **13**
kite *n* **22**
kiwi *n* **17**

L
lake *n* **12**
lamp *n* **7**
leg *n* **11**
lemon *n* **17**
lemonade *n* **23**
letter *n* **2**
light *n* **13**
like *v* **17, 18, 19, 23**
lime *n* **17**
line *n* **G13**
lion *n* **5**
listen *v* **2, G13**
listen to music *v* **22**
live *v* **12**
living room *n* **13**
lizard *n* **5**
long *adj* **11**
look (at) *v* **2, G13**
love *v* **18, G14**
lunch *n* **23, 25**
lunchtime *n* **23**

M
make my bed *v* **25**
man (pl men) *n* **24**
mango (pl mangoes) *n* **17**
mat *n* **13**
match *v* **G13**
may *v* **17**
me *pron* **6**
meat *n* **17**
meatball *n* **23**
men *n* **24**
milk *n* **23**

mine *pron* **24**

mirror *n* **13**

mom *n* **6**

Monday *n* **25**

monkey *n* **5**

monster *n* **18**

moon, the *n* **18**

morning *n* **25**

mother *n* **6**

motorcycle *n* **12**

mouse (pl mice) *n* **7, 10**

mouth *n* **11**

move *v* **11**

music *n* **22**

my *adj* **1, 4, 5, 6, 7, 11, 13, 21, 25, G10**

N
name *n* **1, 2**

next to *prep* **12, G8**

nice *adj* **10, 21**

night *n* **25**

nine *num* **1**

nineteen *num* **3**

no, thank you *exp* **23**

noodles *n* **23**

nose *n* **11**

notepad *n* **4**

number *n* **2**

O
o'clock *adv* **25, G14**

ocean *n* **22**

oh dear *exp* **G14**

old *adj* **10**

on *prep* **13, G8**

one *num* **1**

one *pron* **10**

onion *n* **17**

open *v* **2**

or *conj* **17, G11**

orange *adj* **4**

orange *n* **17, 23**

order *n* **G13**

our *adj* **G10**

ours *pron* **24**

P
page *n* **G13**

paint *v* **3, 19**

pants *n* **21**

paper *n* **4**

pardon? *int* **G14**

park *n* **12, 24**

parrot *n* **5**

party (pl parties) *n* **21**

pasta *n* **23**

pea *n* **23**

pear *n* **17**

pen *n* **2, 4**

pencil *n* **2, 4**

penguin *n* **5**

people *n* **24**

person (pl people) *n* **24**

pet *n* **10**

photo *n* **19**

piano *n* **19**

pick up *v* **2**

picture *n* **19, G13**

pie *n* **23**

pig *n* **15**

pineapple *n* **17**

pink *adj* **4**

plant *n* **13**

play *v* **3, 16**

play a musical instrument *v* **19**

play a sport *v* **16**

playground *n* **2**

please *adv* **17, 23, G14**

point *v* **11, G13**

polar bear *n* **5**

police officer *n* **6**

pond *n* **15**

poster *n* **7**

potato (pl potatoes) *n* **17, 23**

puppet *n* **18**

purple *adj* **4**

purse *n* **21**

put *v* **G12**

Q
question *n* **G13**

R
rabbit *n* **10**

read *v* **3, 19, G13**

really *adv* **9**

red *adj* **4**

refrigerator *n* **13**

repeat *v* **G13**

rice *n* **23**

ride a bike *v* **19**

robot *n* **11, 18**
rocket *n* **18**
room *n* **7, 13**
rug *n* **7**
ruler *n* **4**
run *v* **16, 22**

S

sad *adj* **9**
salad *n* **23**
sand *n* **22**
Saturday *n* **25**
sausage *n* **23**
scared *adj* **9**
scary *adj* **10**
school *n* **2, 12, 25**
seagull *n* **22**
see *v* **G12**
see you! *exp* **G14**
seven *num* **1**
seventeen *num* **3**
she *pron* **6**
sheep (pl sheep) *n* **15**
shell *n* **22**
ship *n* **22**
shirt *n* **21**
shoe *n* **21**
short hair *n* **11**
shorts *n* **21**
shovel *n* **22**
show *v* **2**
sing *v* **19**
sister *n* **6**
sit down *v* **2**
six *num* **1**

sixteen *num* **3**
skateboard *n* **7**
skateboard *v* **19**
skirt *n* **21**
sleep, go to *v* **25**
small *adj* **10**
snake *n* **5**
soccer *n* **16, 19, 22**
sock *n* **21**
song *n* **G13**
sorry, I'm *exp* **G14**
space *n* **G13**
spell *v* **3**
spider *n* **10**
sport *n* **16**
stand up *v* **2**
star *n* **18**
stop *v* **G12**
street *n* **12**
store *n* **12**
study *v* **25**
study English *v* **25**
sun, the *n* **15**
Sunday *n* **25**
surf *v* **22**
swim *v* **16, 22**
swimming *n* **16**

T

table *n* **13**
table tennis *n* **16**
tablet *n* **2**
tail *n* **15**
take photos *v* **19**
talk *v* **G12**

teacher *n* **2, 6**
teddy bear *n* **7, 18**
teeth *n* **11, 25**
television/TV *n* **13**
tell *v* **G12**
ten *num* **1**
tennis *n* **16**
tennis racket *n* **7**
thank you/thanks *exp* **1, 23**
that *pron* **5, 6, 7, 18, G9**
their *adj* **G10**
the moon *n* **18**
the sun *n* **15**
theirs *pron* **23**
these *pron* **4, 7, 25, G9**
thing *n* **4**
thirsty *adj* **9**
thirteen *num* **3**
this *pron* **4, 6, 7, G9**
those *pron* **5, 7, G9**
three *num* **1**
throw *v* **16, 22**
Thursday *n* **25**
tiger *n* **5**
time *n* **25**
tired *adj* **9**
toe *n* **11**
tomato (pl tomatoes) *n* **17**
tooth (pl teeth) *n* **11**
tortoise *n* **10**
touch *v* **11**
town *n* **12**
toy *n* **7**
toy box (pl toy boxes) *n* **7**
toy store *n* **18**
tractor *n* **15**

train _n_ **12, 18**
tree _n_ **15**
truck _n_ **12**
try _v_ **G12**
T-shirt _n_ **21**
Tuesday _n_ **25**
TV _n_ **13**
twelve _num_ **3**
twenty _num_ **3**
two _num_ **1**

U

uncle _n_ **6**
under _prep_ **13, 15, G8**

V

vegetable _n_ **17**
very _adv_ **9**
vet _n_ **6, 10**
video game _n_ **18**

W

wake up _v_ **25**
walk _v_ **25**
walk to school _v_ **25**
wall _n_ **13**
want _v_ **G14**
watch (pl watches) _n_ **4, 21**
watch soccer _v_ **19**
water _n_ **23**
watermelon _n_ **17**
wave _v_ **11**
wear _v_ **21**
Wednesday _n_ **25**
whale _n_ **5**
what? _int_ **1, 2, 4, 5, G6**
what time? _int_ **25, G14**
when? _int_ **25, G6**
where? _int_ **12, G6**
which? _int_ **10, G6**
white _adj_ **4**
who? _int_ **6, G6**
whose? _int_ **24, G6**
why? _int_ **G6**

window _n_ **13**
woman (pl women) _n_ **24**
women _n_ **24**
word _n_ **G13**
worry, don't _exp_ **G14**
would _v_ **23**
write _v_ **3, G13**

Y

year _n_ **1**
yellow _adj_ **4**
yes, please _exp_ **23, G14**
young _adj_ **10**
your _adj_ **5, 6, G10**
yours _pron_ **24**

Z

zebra _n_ **5**
zoo _n_ **12**

Agradecimientos

Los editores quieren agradecer:

A Rishi Bryan y Soma B. Chowdhury, por su asistencia editorial; a Renata Latipova, Gus Scott, Francis Wong y Steve Woosnam-Savage, por su asistencia en el diseño y las ilustraciones; a Sourabh Challariya, Chhaya Sajwan y Arunesh Talapatra, por su asistencia en el diseño; a Kayla Dugger, Lori Hand y Steph Noviss, por la revisión del texto; a Tim Woolf, por la creación de las canciones; a Christine Stroyan y Lizzie Davey, por la gestión de la grabación del audio; a Susan Millership, por la gestión de los guiones del audio, y a ID Audio, por la grabación del audio y la producción.

Todas las imágenes son propiedad de DK. Para más información, puede visitar: www.dkimages.com.